JN085419

よくわかる
基礎経営学
マーケティング・経営戦略・SDGs

博士(学術)

井上 尚之

はじめに

　本書は，経営学を学ぼうとする初学者を対象にした大学の教科書として書かれています．経営学で理論化されている2大分野はマーケティングと経営戦略分野です．本書はこの2大分野に加えて，現代企業に必須の企業の社会的責任分野であるCSR・CSV・ESG・SDGsについてもわかり易く解説しました．

　特にマーケティングと経営戦略分野は多くの分析理論・戦略が確立しており，学べば学ぶほど非常に面白くなり興味が湧いてくる分野です．本書ではこれらの分析理論・戦略をできるだけ多くの実例を挙げてわかりやすく解説しました．

　第1章のマーケティング分野が14節，第2章の経営戦略分野が14節，第3章の企業の社会的責任CSR・CSV・ESG・SDGs分野が13節から成る構成です．

　各節の最後には，短い練習問題（EX.）および解答（ANS.）を付け，知識の確認と定着ができるように工夫しました．

　本書を1冊読み終えたとき，皆さんの世界観は一変すると思います．では早速読み始めましょう！

　皆さんの輝かしい未来が開けてきます！

博士（学術）

井　上　尚　之

目　次

第1章
マーケティング

1-1 経営学とは何か？

　経営学とは「企業の経営をいかに効果的に行うかを研究する学問」です．換言すれば「いかにすれば企業の効率を上げられるか，いかにすれば従業員が意欲をもって働くことができるかを研究する学問」です．

　そしてこれらの研究の歴史は，イギリスの18世後半の産業革命期にまで遡ることができます．そして20世紀に入り，大量生産・大量消費・大量廃棄の時代に入ります．「いかにすれば売れる仕組みをつくること」ができるのかが大問題になっていきます．この「売れる仕組みをつくること」をマーケティング（marketing）と言います．

（EX.）イギリスの産業革命期の主要産業は何か？
（ANS.）アメリカなどから輸入した原綿を蒸気機関で紡糸・織布する繊維産業．

1-2 マーケティング（marketing）の学問化

　コトラー（米1931〜）は，1968年にケラーとの共著本『Marketing Management』を著し，マーケティングを1つの学問に作り上げました．コトラーによれば，マーケティングは，①調査（リサーチ）⇒②ターゲットの選定STP分析（セグメンテーション，ターゲティング，ポジショニング）⇒③マーケティング・ミックス（4P戦略）⇒④実施・検証というプロセスを踏みます．これらはサイクルとして回すことで，より精度の高いマーケティングを実現することができます．重要なことはこの4つからなるサイクルを不断に回し続け修正を加え続けるこ

とです．本書では以下の順で解説します．

- ターゲット選定…STP分析
- セグメンテーション…4つの分類軸
- ターゲティング…3C分析
- ポジショニング…2軸によるポジショニングマップ
- 商品販売戦略…4P（マーケッティング・ミックス）
- 4PのProduct…プロダクト3層モデル
- 4PのPrice…プロスペクト理論
- 4PのPlace（1）…販売チャネル戦略
- 4PのPlace（2）…オムニチャネル戦略
- 4PのPromotion（1）…AIDA，AIDAMモデル
- 4PのPromotion（2）…AISASモデル

（EX.）マーケティングを日本語でどう訳す？
（ANS.）市場活動，市場調査，市場分析などと訳される．

1-3　STP分析とはなにか

　STP分析とはアメリカの経済学者フィリップ・コトラーによって提唱された，マーケティング戦略における基礎的なフレームワークです．STP分析は1970年代に編み出された手法ですが，今でも多くの企業が活用しており，モノやサービスの過剰供給で，消費行動やライフスタイルが多様化した現代社会においても有効な手法だと考えられます．
　具体的には次の3要素からなります．

- Segmentation（セグメンテーション）：市場を細分化する
- Targeting（ターゲティング）：市場の中から狙うターゲットを決める
- Positioning（ポジショニング）：自社の立ち位置を決める

　ヘンリー・フォードがT型フォードをベルトコンベヤー方式で大量

生産を始めた20世紀初頭では，車種は1種類，仕様も1種類，色もブラックのみでした．しかし値段は労働者が買える範疇であり，飛ぶように売れ，セグメンテーションなどは不要でした．しかし労働者の賃金が上昇するにつれて，他人とは異なる車種や仕様を求める消費者が増加しました．ここに登場したのがゼネラルモーターズ（GM）戦略です．つまり所得階層ごとにセグメンテーションし，各セグメントごとに異なる車種を販売する戦略を取ったのでした．この戦略によってフォードは自動車販売台数のトップの座をGM譲り渡すことになりました．

　このように，どのセグメントに注力するかを決めればマーケティングコストの効率的な利用になり，営業活動の効率化につながるわけです．

（EX.）STP分析のS，T，Pとは何か？
（ANS.）SはSegmentation，TはTargeting，PはPositioning

1-4　セグメンテーションで使われる分類軸

　セグメンテーションで使われる分類軸は大きくは4つあります．
(1) 地理的変数（ジオグラフィック変数）
(2) 人口動態変数（デモグラフィック変数）
(3) 心理的変数（サイコグラフィック変数）
(4) 行動変数（ビヘイビア変数）

(1) 地理的変数（ジオグラフィック変数）の例
国・地域：居住している国や地域，都市部，郊外，田舎など
住居形態：一戸建て，マンション，アパートなど
気候：気温，湿度，降雨量など
文化・生活習慣：車社会，近所同士の付き合いなど
宗教：肉が食べられない，飲酒が禁止されているなど

4

　例えば，地域の例としては，インスタント麺は関西風と関東風に分けています．丸亀製麺のだしも同様に異なります．カルビーのポテトチップスの味も地域で変えています．

(2) 人口動態変数（デモグラフィック変数）の例

年齢：10代，20代，30代など
性別：男性，女性，その他
家族構成：既婚・未婚，子どもの有無，子どもの年齢など
教育：大学卒業，高校卒業，中学卒業など
職業：会社員，自営業，学生など
職種・業界：サービス業や医療福祉業，エンターテイメント業界など
年収：400万以下，400〜600万，600〜800万，800〜1,000万，それ以上
　　　など

　トヨタ自動車会社は年収別・男女別に豊富な車種を用意しています．女性雑誌では年代ごとに異なる雑誌を販売しています．

(3) 心理的変数（サイコグラフィック変数）

ライフスタイル：アクティブ派，インドア派，家族重視派など
価値観：環境に配慮する，安全性を重視する，ステータスを追求する
　　　　など
ライフスタイル・趣味趣向：旅行，スポーツ，読書など
パーソナリティ：内向的，外向的，協調性があるなど

　カシオ腕時計ではアウドア派には，Ｇショックを販売しています．雑誌社では旅行雑誌，スポーツ雑誌を販売しています．

(4) 行動変数（ビヘイビア変数）

購買履歴：過去に購入した商品やサービスの種類，購入頻度，金額など
ウェブサイトの行動履歴：閲覧したページ数，訪問時間，再訪問率など
クリック履歴：広告やバナーなどのクリック数，コンテンツの閲覧状

　　　況など

検索履歴：検索クエリ（検索単語），検索結果のクリック率，検索キー
　　　　　ワードなど

アプリ利用履歴：アプリの利用時間，機能の利用頻度，アプリ内購入
　　　　　　　金額など

　アマゾンでは個人の過去の購入履歴を分析し，その個人に合った商品の広告をアマゾンの購入画面に広告として表示しています．グーグルやマイクロソフトは検索履歴に応じて画面上に広告を出しています．

　日本では，セグメンテーションを行う時には多くの情報がすぐにネットで得ることができます．またセグメンテーションを行う際の情報を集めてくれる多くの専門会社が存在しますので，お金さえ出せば多くの情報が得られます．

　次に具体的な例を**図1**に示します．（2）人口動態変数に基づく例です．

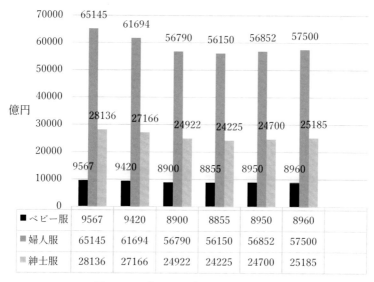

■ベビー服	9567	9420	8900	8855	8950	8960
■婦人服	65145	61694	56790	56150	56852	57500
■紳士服	28136	27166	24922	24225	24700	25185

図1：2007年〜2012年のアパレル市場
上段：子供・ベビー服　　中段：婦人服　　下段：紳士服

（EX.）セグメンテーションの直訳は？
（ANS.）分ける

1-5　ターゲティングとポジショニング

　ターゲティングは，セグメンテーションで分類されたグループの中から，自社商品をどのグループに売るかを特定する作業です．自社の商品特性と各グループの特性を照らし合わせ，真に商品が求められるのはどのグループなのかを見極める必要があります．

　セグメンテーションとターゲティングの違いは，セグメンテーションが市場を「分ける」作業であることに対して，ターゲティングは分割された市場の中から狙うべき市場を「絞る」作業に当たる点です．市場の成長率や顧客ニーズ，競合の数などを考慮して，狙いたい市場を選びます．

　セグメンテーションとターゲティングが完了したら，次にポジショニングマップを作ります．ポジショニングマップは，図2，3のように作成します．

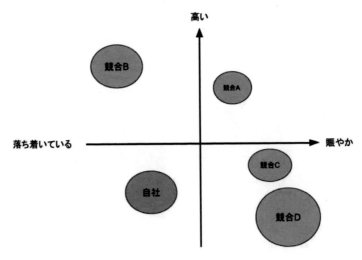

図2：ポジショニングマップ例1

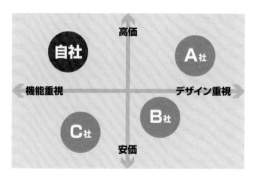

図3：ポジショニングマップ例2

（EX.）ターゲティングの直訳は？
（ANS.）絞る

1-6　STP分析の具体例

STP分析の利点は次の3点にまとめられます．

- 市場や顧客のニーズが把握できる
- 競合との競争を回避できる
- 自社商品の狙うべき的が定まる

STP分析をすることによって，自社の強みを活かしたブレない戦略を策定することができます．市場や顧客にニーズが把握でき，競合との競争を回避できれば，自社が優位なポジションに立つことができます．

STP分析をすることで，自社の目指すべき方向性や取るべき戦略が見えてくるのです．次にスターバックスのSTP分析の具体例を示します．

表1：スターバックスのセグメント

	スターバックスのセグメント	備考
地理的変数	都会や郊外のロードサイド	人通りが多いエリア
人口動態的変数	学生から中高年まで男女問わず幅が広い	多くの人を対象にできる
心理的変数	ゆったりとカフェ時間を楽しみたい，あるいは仕事や勉強の居場所が欲しい	自分のスタイルや時間を大切にしたい
行動的変数	毎日のようにカフェを楽しむ．満足できるものなら値段が多少高くても購入する	カフェをよく利用する

8

　縦軸に価格，横軸に休憩が目的か，仕事や勉強が目的かを取ると，代表的なカフェチェーンのポジショニングマップは**図4**のとおりとなりました．

　スターバックスは独特のポジションを取っていて，左下の低価格競争からは一線を画していることがわかります．スターバックスの強みをさらに強化するならば，もっと右上にポジションを取ることが考えられます．

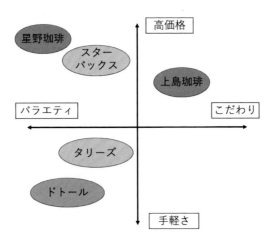

図4：スターバックスのポジショニング

（EX.）スターバックスセグメントの地理的変数に出てくるロードサイドとは何か？
（ANS.）道に面した店，路面店

1-7　ターゲティングを決める方法は3C分析

　3C分析とは，「市場・顧客（Customer）」「競合（Competitor）」「自社（Company）」の3つの要素から分析を行い，自社の優位性を構築するために必要な，ターゲティングを決める際に役立つ手法のひとつです．かつてマッキンゼー・アンド・カンパニーの日本支社長を務めていた，経営コンサルタントの大前研一氏が自著『ストラテジック・

マインド』（プレジデント社，1984）のなかで提唱したことをきっかけとして，広く知られるようになりました．

　3C分析では，まず顧客に伝えたい自社製品の価値が何かを確認します．どのような価値を世の中に届けたいのかの確認です．次にその商品を購入したがっているのはどのような人なのかを調査します．そのために公表されている統計，あるいはアンケートの実施，リサーチ会社への統計の依頼などを行い，データや数字を用いて緻密に分析します．最後に，競合がいない市場の位置取りはどこなのかを分析・検討します．これらのリサーチによりターゲット市場，つまりどのような顧客を狙うのかを定めていきます．

　3C分析の具体例を「ジャパネットたかた」で見てみましょう．現状と今後の戦略が見えてきます．

● 「自社（Company）」（自社製品の価値）：
　ジャパネットの価値は，厳選された高品質な商品ラインナップと，商品に関する情報量の豊富さ，わかりやすい説明，オペレーターに電話で注文するだけの手軽さです．
● 「市場・顧客（Customer）」（どのような顧客に使ってもらいたいか）：
　対象顧客は，「ITに不慣れな高齢者」や「その商品を始めて購入するビギナー」です．つまり若者よりも資金力がある高齢者が中心です．
● 「競合（Competitor）」（勝つための戦い方）：
　ジャパネットたかたの競合は，通販業界トップを走る「アマゾン」をはじめ，「楽天市場」「ヤフーショッピング」，ショッピング専門チャンネルの「ショップチャンネル」，TV通販2位の「QVCジャパン」，店舗とEC事業の両方を強化している「ヨドバシカメラ」「ビックカメラ」「ヤマダ電機」などです．

　ここまで見てきて，ジャパネットについている顧客はITに弱い，資金力のある高齢者が中心であることがわかります．よって今後の戦略

としては，競合他社は電気製品関係が多いので，異なった商品で高齢富裕層向けに「月々9980円で1年間毎月グルメ料理の宅配」，「日本1周クルージング」，「世界1周クルージング」，「ウォーターサーバー無料・毎月3980円でミネラルウォーター宅配」など，競合他社がいない分野に乗り出し，成功を収めています．

　3C分析とSTPは表裏一体の関係にあり，3C分析という手段を用いて，STPという目的を達成する関係にあります．

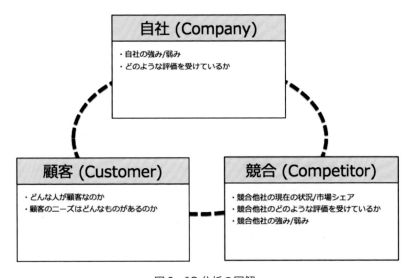

図5：3C分析の図解

(EX.) 3C分析の3Cは何の略か？
(ANS.) Company, Competitor, Competitor

1-8　商品販売戦術：4P (マーケッティング・ミックス)

　ターゲットを定めた後，そこに向けてどのように商品を届けるのか，具体的な販売戦術を考える時に用いられるのが4Pです．

　4Pとは以下の単語の頭文字から構成されます．

• Product：商品・製品・サービス

- Price：価格
- Place：販売場所・提供方法・流通
- Promotion：販促活動・販売促進

　この4つのセットのことをマーケッティング・ミックスと呼び，総合的に組合わせて販売戦術を作ります．

　4P分析では，以下の項目をもとに戦略を立てていきます．

- Product：どのような「商品・製品・サービス」を
- Price：いくらくらいの「価格」で
- Place：どの「販売場所・提供方法・流通」に
- Promotion：どのように「販促活動・販売促進」していく

　前述したスターバックスの4P分析は**表2**の通りで，販売に成功しています．

表2：スターバックス4P分析

Product（商品・製品・サービス）	● 世界各地のコーヒー豆からバイヤーが最適なものをセレクト ● 国によって風味や量，種類を調整 ● 抽出方法を顧客の好みで選べる
Price（価格）	● コーヒーチェーンとしては価格を高めに設定して，高級感を演出 ● コーヒー品質の評価は高く，価格とのバランスが取れている
Place（販売場所・提供方法・流通）	● 日本の銀座に1号店をオープンし，立地の良さを強調 ● 高品質なコーヒー店というブランディング ● 自宅や職場以外で読書・仕事・会話など自由な時間を過ごせる場所を提供 ● 近年はブックカフェ型やドライブスルー型など地域のニーズに合わせて出店
Promotion（販促活動・販売促進）	● テレビCMなど広告宣伝はほとんど行わない ● 店舗看板や口コミなど地道な販促活動でファンを獲得

　商品単体では，コカ・コーラ社のミネラルウォーターの「いろはす」の4P分析は，**表3**のようになります．このように「いろはす」は「環境」主体の一貫したコンセプトとメッセージで販売に成功しています．

表3：「いろはす」4P分析

Product（商品・製品・サービス）	• 100%リサイクル容器．空きボトルは薄く，折りたため，回収のコストも削減． • 上記のごとく環境に良く，軟水で旨く，体によい．
Price（価格）	• 安すぎる価格はかえってイメージダウンになるので避ける． • 他の清涼飲料水と同価格帯
Place（販売場所・提供方法・流通）	• 欲しい時にすぐ飲めることがポイント． • 上記のためにコンビニと自動販売機中心に販売
Promotion（販促活動・販売促進）	• 日本全国に広がる森林保全に売り上げの一部を寄付 • 日本にこれまでになかったエコな水として環境を売りにする．

（EX.）4Pは何の略か？

（ANS.）Product, Price, Place, Promotion

1-9　詳細Product ―プロダクト3層モデル

　プロダクト3層モデルは，製品価値構造を3層に分け整理するマーケティングフレームワークです．プロダクト3層モデルでは，製品特性を「中核」「実態」「付随機能」の3層に分け，それぞれの層で製品特性の要素を考えます（図6）．マーケティング・ミックス（4P）の製品戦略（Product）フレームワークの一つです．プロダクト3層モデルでは，製品を中核（コア），実体，付随機能の3つに分けて価値構造を整理します．次に3層それぞれについて説明します．

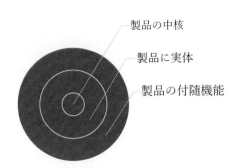

図6：プロダクト3Cモデル

製品の中核：プロダクト3層モデル第1層は製品の価値の本質，コンセプトです．顧客が求める製品の中核的なベネフィット，価値，サービスなどです．

製品の実体：プロダクト3層モデルの第2層は，製品の実体，製品の特性を構成する価値です．具体的には，実際に顧客が入手する製品を特徴づけている要素．「機能」「品質」「スタイル」「ブランド」「パッケージ」などです．

製品の付随機能：プロダクト3層モデルの第3層は，間接的に顧客にとっての製品の価値を高める要素です．製品やサービスに付随する，配達，設置，保障，アフターサービスなどが含まれます．

（スマートフォンによる実例）

製品の中核：スマートフォンの中核は，電話機能，メール機能，インターネット接続機能などです．手軽なコミュニケーション手段，情報収集手段を提供していることが本質的価値でしょう．

製品の実体：スマートフォンの実体は，デザイン，バッテリーの持ち（充電後利用時間の長さ），通信速度，カメラ性能などです．スマートフォンは多くの機能から構成されており，それらの一つ一つが実体です．また，製品の実体には「iPhone」のようなブランドも含まれます．

製品の付随機能：スマートフォンの付随機能は，故障時の交換サービス，サポートサービスなどです．AppleはApple Storeで専門スタッフの高度なサポートを受けられる「ジーニアスバー」を開設しています．ジーニアスバーは本来は製品の付随機能です．しかし洗練されたサービス提供により，ブランド価値を高める役目も持っています．

14

　プロダクト3層モデルにおいて，はじめは中核（コア）が重視されます．以降，時間経過とともに，実体，付随機能と重点が移っていきます．現在では，製品の実体において，カメラの性能，リチウムイオンバッテリーの1回の充電時間や1回充電でどれだけ使用できるかなどで，激しい競争が繰り広げられています．

（EX.）スマートフォンのプロダクト3層モデルの「中核」は何か？
（ANS.）電話機能，メール機能，インターネット接続機能

1-10　詳細Price ―プロスペクト理論

　プロスペクト理論とは行動経済学における代表的な考え方のひとつであり，ダニエル・カーネマンとエイモス・トヴァスキーによって提唱された理論です．カーネマンはこの功績により2002年にノーベル経済学賞を受賞しています．プロスペクト（Prospect）は，「期待，予想，見通し，展望」といった意味を持つ単語で，プロスペクト理論を簡単に整理すると以下のようになります．
• 人が感じる効用は，得られる利得や損失の大きさに比例しない．
• 同じ絶対値の利得や損失の場合，損失からの負の効用は正の効用よりも大きくなる．
　図示すると図7のようになります．グラフの中心点を参照点（リファレンスポイント）と言います．一人一人の心の中にある参照点が基準となり，それよりも「得」でも嬉しさはあまり増えず，「損」だと強く（2〜2.5倍）不満を感じることをグラフは示しています．
　1万円をもらったときの喜びよりも，1万円を紛失してしまった痛みのほうが大きいということになります．
　損失の感じ方は，同じ絶対値の利得の約2〜2.5倍と考えられています．簡単に言ってしまうと「人は得をするよりも，損をしたくない思いの方が強い」というのがプロスペクト理論の大きな特徴となります．
　少し付け加えると，人は利益を得られる場面では，利益を逃すリス

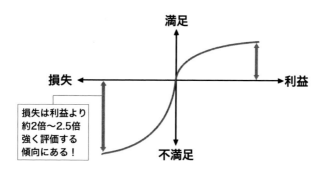

図7：プロスペクト関数

ク（＝損失）を回避し，損失を被る場面では，少々リスクを負ってでも損失を最大限に回避する傾向がある，ということになります．このような行動のことは「損失回避バイアス」と呼ばれています．

　プロスペクト理論を事業活動に例えると，顧客が商品・サービスを購入・利用することは正の効用を生みますが，一方，その対価としてのお金の支払いは損失であり，負の効用を生じさせるものとなります．損失は利得よりも大きく感じるので，損失から生じる負の効用を抑えることが，プライシングの観点でも重要となります．正の効用の増大と負の効用の減少につながる事例として以下にいくつか挙げてみたいと思います．

- キャッシュバック ⇒ 追加の正の効用を生み出す
- 限定（○個限り，○日まで）⇒ 購入できないリスクを提示することで，購入できないという損失回避バイアスを働かせる
- 全額返金保証，無料お試し ⇒ 正の効用に対する対価としての負の効用を消滅させる
- クレジットカード支払い ⇒ 目の前から現金が消失する心理的負担を軽減
- 分割支払い ⇒ 総額が同じでも分割とすることで心理的負担を軽減

16

　セール等で行われる値引きは,「いつもよりも安い→買わないと損だ→損失を回避しよう」といった心理的効果を生む効果的な手法の一つで, 小売店を筆頭に様々な業種・業態で行われているプライシング手法となります. 確かにアパレル等, 季節性の高い商品を期間中に売り切るために使われるようなケースに関しては値引きは有効な手法だといえます.

　しかし, 恒常的に取り扱ってる商品だと注意が必要です. 例えば, 美容関係（例えばエステや美容室）が行っている, 初回限定の大幅な値引きがこれにあたります. 60分定価1万円のエステコースを初回限定で3000円程度の大幅安で誘因するケースは広告等でみなさんも見たことがあるのではないでしょうか. 確かに初回のお客さまの誘因には有効かも知れませんが, 2回目以降に同等のサービスに1万円支払う必要があるとなるとどうでしょう？3,000円で受けた施術と1万円で受けることのできる施術は同じサービスです. 1万円は定価なので通常価格ではあるものの, 初回に3,000円を経験してしまうと, 同じサービスに1万円を支払うことにためらいが出てくるのではないでしょうか.「定価を払うのは損だ」という心理的効果です.

　このような現象を回避するためには, 顧客が負の効用を感じないようなプライシング上の仕組みが必要となってきます.

(1) 具体的な商品の価格設定へのプロスペクト理論の応用

　ポイントは参照点を知ることです. アンケート調査等で, ある程度把握できます. 次に自社製品・サービスの質や内容に応じて参照点の水準で設定するか, それよりも低く設定するか, 高く設定するかを検討することになります.

- 価格を参照点より高く設定 ⇒ 高級品であることをアピールできる.
- 価格を参照点に設定 ⇒ 標準商品である. 我が社の商品がスタンダード.

- 価格を参照点より低く設定 ⇒ お買得商品であることをアピールできる.

(2) プロスペクト理論の高度な価格戦術

- 参照点を下げておく ⇒ 相手の期待値を下げておく. この雰囲気・価格ではこの程度だろうと思わせておいて, いい品を提供すれば満足度は上がることになる. 例えば見た目はぱっとしないレストランなのにとてもおいしいなど.
- 参照点を上げておく ⇒ 参照点が上がるような演出をする. この品質・サービスならばこの価格でも納得と思わせる. 建物・備品・接客などが上質なレストラン
- 参照点のない世界 ⇒ 類似の商品やサービスがないので高いのか安いのか判断不能. 地球一周の宇宙旅行5,000万円等.

(EX.) プロスペクト理論の要点は?
(ANS.) 人は得をするよりも, 損をしたくない思いの方が強い

1-11　詳細 Place（1）―販売チャネル戦略

　チャネル戦略とは, このうちの「流通：Place」の実行戦略を指します. 生産者から消費者への販売ルート・組織をどう管理・運営していくのかについての戦略が, チャネル戦略です.
　チャネル戦略は以下の3つに分類できます.

(1) コミュニケーションチャネル（情報伝達経路）

　商品を消費者や顧客に認知してもらい, 資料請求フォームや申し込み連絡先にアクセスしてもらうチャネルです. テレビや新聞の広告や, YouTube 動画などの SNS 広告, メールマガジン, オウンドメディア（自社が所有するメディア, ブログ形式の WEB サイトが典型例）などさまざまな場や方法があります.

(2) 販売チャネル（販売経路）

　消費者が実際に商品やサービスを購入できる場や方法です．スーパーや小売店，ECサイトなどが販売チャネルにあたります．

(3) 流通チャネル（流通経路）

　配送や物流のルートや業者のことです．自社と消費者・ユーザーが直接やりとりする直販流通チャネルと，他業者が中間に入る間接流通チャネルに分けられます．

　チャネル戦略には7つの役割があるといわれています．

【1】調査：商品やサービスに関して，見込み客や顧客がどのような興味や意見を持っているか情報を集める．

【2】プロモーション：コミュニケーションチャネルでどのような広告をするか決める．

【3】接触：DMやSNS広告など自社に適した経路を使って見込み客や顧客にアプローチする．

【4】交渉：価格やサポート体制，保証などについて納得してもらう．

【5】適合：顧客ニーズをより詳しく知る．

【6】物流：物流ルートと業者の管理・運用する．

【7】コスト：流通に必要なコストを管理する．

　チャネル戦略では，企業利益の最大化や効率性を重視してしまいがちです．しかし，コミュニケーションチャネル・販売チャネル・流通チャネルごとに，顧客が何を求めているか洗い出すステップも同じぐらい重要です．

　7つの役割についても同じように，顧客側からも検討しましょう．【1】【2】【3】はコミュニケーションチャネル，【4】【5】は販売チャネル，【6】【7】は流通チャネルに主に関係している項目といえます．

　チャネル戦略は4Pの中の一つです．いくらチャネル戦略が優れていても，4Pとバランスが取れていなかったり，方向性が一致していない場合は成果が上がりません．むしろ，チャネル戦略がボトルネックになり，全体の業績を下げてしまうでしょう．

　チャネル戦略を構築する前にまずチェックしておかなければならないのは，4Pとの関係です．コミュニケーションチャネル・販売チャネル・流通チャネルごとに，顧客が何を求めているか洗い出すステップも同じぐらい重要です．

　7つの役割についても同じように，顧客側からも検討する必要があります．例えば，BtoC（Business to Consumerの略で企業（Business）が一般消費者（Consumer）を対象に行うビジネス形態）でミネラルウォーターを販売しているとします．この場合「水が不足したらすぐに届けてもらえる」「流通も自社で担当している業者」「空きボトルも同時に回収してくれる」「プラン変更が簡単にできるWebサイト」などの項目が顧客の要望として挙げられるかもしれません．こうしたニーズを取り入れてチャネル戦略を構築することが大切です．

　チャネル戦略が具体的になったら，販売ルートや業者の選定・変更などの工程に移ります．流通チャネルの長さ，自社から消費者・顧客に商品・サービスが届くまでにどれだけの中間業者が入るのかが重要な検討要素です．これらはコストやレスポンスの速さ，品質担保などに大きな影響を与えます．

　大きく分けると，流通チャネルは以下のように段階別に分類できます．自社にとってベストな方法を検討しましょう．

- 0段階：自社〜消費者（BtoC）
- 1段階：自社〜小売〜消費者
- 2段階：自社〜卸売〜小売〜消費者
- 3段階：自社〜卸売〜2次卸売〜小売〜消費者

　提供する商品やサービスによって使い分ける方法もあります．例えば，家電量販店の場合では，USBメモリなどの小物は運送会社を利用してコストを抑え，大型家電は自社配送して据え付けサービスも提供するほうが収益を上げられるかもしれません．

　間接流通チャネルは，中間業者の選択仕方により3つに細分化されます．さまざまな業者をコストや利便性によって使い分けるのが「開

放的流通チャネル」，取引業者をある程度絞り込むのが「選択的流通チャネル」，中間業者を完全に固定するのが「排他的流通チャネル」です．これも自社のビジネス環境に合わせて選ぶ必要があります．

　近年，成果が上がりやすいことから各企業が取り組んでいるのが，SNS広告やWeb広告に動画広告を用いることです．テキストや静止画の広告に比べて訴求力が高い動画広告は，プロモーションチャネルであるとともに，クリックひとつでリンク先に遷移できる販売チャネルでもあります．

(EX.) 販売チャネルの方法のECサイトとは？
(ANS.) ECサイトはElectronic Commerceの頭文字で日本語に訳すと「電子商取引」で
　　　インターネット上に開設した商品を販売するウェブサイトのこと．

1-12　詳細Place（2）―オムニチャネル戦略

　オムニチャネルとは，企業とユーザーの接点となるチャネルをそれぞれ連携させ，ユーザーにアプローチする戦略のことです．Omuniとは「全ての」を意味する英語の接頭語です．例えば，洋服を買いに行ったときに，店舗に在庫がないとします．そんな時も，ECサイトから購入できたり，受け取りは最寄りの店舗でできたりと，ユーザーが欲しい商品を好きな時に，好きな場所で受け取れるようにする戦略がオムニチャネルです．これによりユーザーの満足度が向上し，リピート率や売り上げ向上を狙うことができます．

　オムニチャネルと混合しやすいワードとして「マルチチャネル」があります．「マルチチャネル」はオムニチャネルの1歩手前の段階のイメージで，複数のチャネルを使い，ユーザーが求める情報や商品を提供する戦略です．ECサイトはもちろん，SNSやメールマガジン，テレビCMなどを用意して，様々なチャネルからユーザーにアプローチします．ただ，それぞれのチャネルが独自に働いており，統合／連携はされていない状態です．

　そして，マルチチャネルから一歩進んだのが「オムニチャネル」です．あらゆる販売チャネルが統合され，どの販路からもユーザーはスムーズに購入ができるようになることを指します．例えば，商品Aを店舗に買いに行ったときに，在庫がなかったためにECサイトで検索し，購入することはマルチチャネルの範囲内です．そこからさらに，ECサイトで検索した商品の支払いを店舗で済ませ，受け取りは自宅で行えるようになるのがオムニチャネルです．このように，店舗とウェブサイトで，会員情報や在庫情報，物流を統合して，顧客にシームレスな購買体験を提供し，結果的に統合的な顧客とのエンゲージメント（契約）を可能にするのがオムニチャネルです．

　オムニチャネルが注目されるようになった要因として，スマホとSNSの普及があります．これにより消費者の行動が大きく変わりました．今や私たちは，商品の検討から購入まで，すべてをスマホから済ませることができます．店舗の「ショールーミング化」が叫ばれてから久しいですが，スマホの普及によってそれはさらに加速しています．その場で最安値の店舗や，SNSで口コミを検索することが当たり前になり，様々な面から一つの商品に対して調べるようになりました．

　つまり，ユーザーは店舗やECなどを単独でみるのではなく，様々なチャネルを渡り歩くようになっているので，こうした行動の変化を受け，企業は消費者の行動に合わせた戦略が求められるようになりました．販売チャネルを一つに絞るのではなく，複数のチャネルを用意して，ユーザーが買いたいと思ったタイミングで購入できるような仕組みを作ること，まさにオムニチャネル化が求められているのです．

　オムニチャネルには2つの側面があります．1つは顧客面でブランドイメージの統一や情報の一貫性により，認知度や製品理解を向上させます．もう1つはバックヤード面で，在庫・物流管理を一元化することで効率化しコストを削減できるという点です．

オムニチャネルの成功例（1）：イオン

　イオンは世界にも展開している小売業で，日本では業界1位の売上を誇っています．千葉県千葉市に本社を置き，環境活動や非正規の従業員を多く起用していることでも有名な企業です．

　イオンは2018年から，オムニチャネルを使ったマーケティングに力を入れました．オムニチャネルとして導入したのが，ECサイト「イオンドットコム」です．イオンドットコムを利用すれば，店舗に行かなくても商品を買うことができます．イオンドットコムを利用するためには，イオンスクエアメンバーに登録しなければなりません．これまでは店舗を利用する人しか，メンバーに登録をしていませんでした．しかし，ネット上でも買い物をすることが可能になったことで，商圏外のユーザーも取り込むことに成功しました．

　イオンのポイントといえば，WAONポイントが思い浮かぶのではないでしょうか．実はイオンドットコムを利用すれば，ネット上でもWAONポイントが貯められるようになります．ネット上で貯められるのはネット用のポイントのため，リアルで利用するためには交換が必要です．そのままポイントを利用できないというのは不便に感じる人もいるかもしれません．ただ，ポイントが一元化できるということで，リアルでもネットでもイオンを利用したくなる人も多いでしょう．

オムニチャンネルの成功例（2）：スターバックス

　スターバックスとは，世界に31,526店舗のチェーン店を抱えるコーヒーをメインに取り扱う企業です．スターバックスは，スターバックスのアプリから顧客が実店舗に来店する前に商品を注文し，決済するシステムを導入しました．結果は以下の通りです．

- 全体の6％の決済が店舗に来店する前に行われた．
- 利用率が上位の600店舗で，最も利用が多い時間の注文，決済の20％がアプリによって来店する前に行われた．

　アプリによって実店舗に来店する前に決済を済ませることで，実店

舗で行う処理が減り，作業の効率化につながります．また，顧客がアプリで決済する場合は，スターバックスがクレジットカード会社へ支払う手数料を抑えることができます．

　そしてもう1つ，機会損失を防ぐという点でのメリットもあります．実店舗のみの注文や決済のみの場合，混んできてしまう可能性があります．店舗が混み，行列ができている場合，スターバックスでコーヒーを買うことを避けようとする顧客も少なくありません．しかし，アプリで事前に注文や決済を済ませている場合，顧客が来店してから商品を受け取るまでの流れがスムーズに進み，混雑を防ぐことができます．混雑を防ぐことができれば，混んでいる店を避けようとする顧客の機会損失を防ぐことができます．

　スターバックスのオムニチャネルの事例は機会損失を防ぐという点だけでなく，作業の効率化という企業側のメリットもわかりやすい例となっています．

(EX.) オムニ戦略とは？
(ANS.) ECサイトから購入できたり，受け取りは最寄りの店舗でできたりと，ユーザーが欲しい商品を好きな時に，好きな場所で受け取れるようにする戦略

1-13　詳細 Promotion（1）— AIDA，AIDMA モデル

　プロモーション戦術は顧客の心理段階で使い分ける必要があります．顧客の心理段階モデルで重要なものは AIDA モデル（アイダモデル）です．このモデルは20世紀初頭からに取り上げられている古典モデルです．

　AIDA の法則では，まず消費者は広告を見ることで商品を知ります．これが Attention（注意）の段階です．広告を見て興味を引かれ，欲しいと思います．つまり，Interest（興味）と Desire（欲求）の段階に進みます．そして，実際に商品を買おうと行動を起こす Action（行動）の段階に続くモデルです．

　AIDA モデルが唱されてからすでに100年以上経っている現代でも，AIDA モデルの基本概念は消費者行動のベースであると考えられています．

　AIDA モデルをプロモーションに当てはめると次のようになります．

Attention（注意）⇒ Interest（興味）⇒ Desire（欲求）⇒ Action（行動）
　　　↓　　　　　　　　↓　　　　　　　↓　　　　　　　↓
マス広告で告知 ⇒ WEBで関心を高める⇒自社サイトで欲求高揚⇒購入

　次に AIDMA モデル（アイドマモデル）について説明します．このモデルは AIDA モデルに少し遅れた1924年に発表されたモデルです．AIDA は Attention，Interest，Desire，Action の4段階だけでしたが，AIDMA では Desire と Action の間に Memory（記憶）が入ります．広告で商品を見て興味を示し，さらに欲しいと思った感情を記憶にとどめておくという段階が加わったのです．

　消費者は実際に広告を目にして欲しいと思っても，必ずしもすぐに行動を起こすとは限りません．たとえば，その時点では購入するための資金がないこともあるでしょう．また，休みになるまで買いに行けないという事情があるかもしれません．さらに，単にちょっと欲しいと思っただけで，実際に購入しようかどうか，少し迷いがあるということもあり得ます．ただ，広告を見たことを記憶しておくことで，買い物に行ける機会が訪れれば購入するという行動につながることもあるのです．

　商品を広告で見て知って欲しいと思ったとしても，最終的に商品を買うという行動につなげることができなければ広告を出す意義が半減します．消費者行動モデルに当てはめて考え，どこかの段階でストップしているのなら，修正や対応が必要だということです．たとえば，AIDA や AIDMA モデルの場合，Interest（興味，関心）の段階では，消費者の注意を引く広告ができているかどうか，また，消費者のニー

ズを満たすものであることがアピールできているかどうかを考える必要があります.

　また,AIDMAでは5つの段階の中にMemory (記憶) が入っていました. AIDMAのモデルに基づいて考えると,一度広告を見て興味を持った商品を思い出してもらうことが大切になります. 一度顧客からのアプローチがあったのならば,電話やDMなどでフォローすることで商品を思い出してもらい,購入につながることもあるでしょう. 商品を思い出しやすいキャッチフレーズが浸透していたり,CMの映像が印象に残っていたりすると,いざ購入すべき時期がきたときにライバル商品の中から選ばれやすくなるのです.

AIDMAモデルの成功例:資生堂TUBAKI

　資生堂のTUBAKIは,女性用のシャンプーやヘアーコンディショナーの名称です. TUBAKIをAIDMAモデルで分析すると,以下のような形で上手くいっているのがわかります.

• Attention (認知)

　TUBAKIが認知度を上げるために利用したのはテレビCMです. 当時,誰もが知っている女優や歌手を起用したCMは,多くの人にTUBAKIの存在を認知させることに成功しました.

• Interest (興味)

　莫大な資金をかけ,有名な女優を多く採用したテレビCMは,認知度を上げるだけでなく,ユーザーの興味付けにも大いに役立ちました. 特にターゲットとなる女性は,共感やイメージを大切にする傾向が強いです. そのため,「多くの女優が使っているおしゃれなヘアケア用品」というポジショニングをして,ユーザーに強い関心を持たせた,というわけですね.

• Desire (購買欲求)

　TUBAKIは,試供品を配るという方法でユーザーの購買欲求を刺激しました. 実際に使ってみることで良さを知ってもらい,「今度買って

26

みようかな」と思わせることに成功したのです.

• Memory（記憶）

　TUBAKIは，テレビCMを大量に流し，また，店舗にも商品を大量出荷しています．そのため，テレビでも店頭でも，常にリマインド（思い出させる）ができる状況が整っていました．このリマインド方法は，資金力のある大手ならではの方法です.

• Action（購買行動）

　TUBAKIはどこの店頭でも大体並んでいるため，思い立ったそのときに買える環境が整っていました．そもそも使いきりの日用品ということで，購買に関するハードルはもともと低かったと言えます.

　以上が，資生堂のTUBAKIをAIDMAに当てはめて分析した結果です．AIDMAモデルは，インターネットが普及していなかった時代に生まれた消費者行動モデルです．とはいえビジネスモデルによっては，今でも十分に使うことができます．AIDMAモデルにおいて，もっとも重要なのは，消費者行動を理解したうえで，先回りし，施策を行うことです．消費者がどのような行動を取るのか知っておけば，そこに焦点を当てて対策することが可能となります.

（EX.）AIDMAモデルの5つの段階とは？
（ANS.）Attention, Interest, Desire, Memory, Action

1-14　詳細Promotion（2）—AISASモデル

　AISASモデルとは，インターネット上における消費者の行動を5つのフレームに分けて表したものです．消費者はネット上で商品を購入するときに，以下の5つの行動をとると言われています.

1．Attention（認知）
2．Interest（興味）
3．Search（検索）

4．Action（購買）

5．Share（情報共有）

　この5つの行動の頭文字を取ったのがAISAS（アイサス）です．どのようにこの5つの行動を自分のビジネスに活かすのかというと，要は消費者の行動に合わせてプロモーションを展開すれば良いということになります．AISASの1番目である「Attention（認知）」は，自社や商品の存在をユーザーが知ることを表しています．AISASはネット上での消費者行動を表す言葉なので，ネット上で考えてみましょう．一口に「ネットで知った」と言っても，その経路はさまざまです．具体的には次のようなものです．

- 検索エンジンのトップに広告が掲載されていた．
- 掲示板サイトを覗いていたらおすすめしている人がいた．
- SNSで知り合いがシェアしていた．
- SNSで広告が出ていた．
- スマホアプリを起動したときに広告で表示された．

　この中で我々が考えるべきことは，どこにターゲットとしているユーザーがいるのかということです．SNSの中でもインスタグラムは，10代，20代の女性が多いという特徴があります．つまり，10代，20代の女性向けの商品やサービスを提供している場合，インスタグラム上で情報を公開すれば，多くのターゲットに認知してもらうことができるというわけです．このように，ターゲットがどこでどのように「認知」するのかを考えるのが，まずは重要となってきます．

　消費者が認知の次に取る行動は，「興味を持つこと」です．たとえネット広告などで商品を見かけたとしても，興味がなければクリックはおろか，記憶してもらうことさえできません．つまりここで考えるべきことは，「どうすればターゲットとしているユーザーが興味を抱いて

くれるのか」ということです．ターゲットに興味を持ってもらうための施策としては，以下のようなものが挙げられます．

- ターゲットの悩みを解決するようなコピーを採用する．
- ターゲットの欲求を刺激するようなコピーを採用する．
- ターゲットの目を引くような画像を採用する．
- 多くの人が知らない情報を公開する．
- 続きが気になるようなリード文を使う．
- 共感できるストーリーを伝える．

　これらのような施策をすれば，ユーザーは興味を持ち，商品のことをもっと知りたいと思って色々と調べてくれるはずです．当たり前な話ですが，ユーザーがまったく興味のないものを買うことはありません．だからこそ，どうすればターゲットが興味を持ってくれるのか，というのは重要視すべき部分です．

　「Search（検索）」は，「興味を持ったターゲットがどうやって情報を調べるのか」ということを指しています．たとえば，「安いけど品質が良さそうな化粧品」を見つけた若い女性の場合，興味を持ったあとに，どうやって，どのようなことを調べるでしょうか．1つ予想ができるのは，SNSを使って実際に使った人の口コミを探すのではないか，ということです．女性が知りたいのは，「実際に使ってみてどうだったのか？」，「肌荒れなどの健康被害はないのか？」，「そもそも詐欺ではないのか？」ということになります．そして，若い女性は検索エンジンよりもSNSを使って情報を検索する傾向が強い，という特徴があるのです．

　これが男性の場合，もう少し踏み込んで，「どの会社が作っているのか」，「どういった成分が入っているのか」というところまで調べる人が増えると思われます．また，口コミより権威性のある情報（たとえば病院や製薬会社のHPなど）を好むのではないでしょうか．

　このように，ターゲットがどうやって何を調べるのか，ということを知ることができれば，先回りして回答を用意することができます．

　たとえば女性向けの化粧品の場合は，SNSでアカウントを作って良い口コミを集めたり，どうして安くできているのかをしっかり説明して安心させたり，といった感じです．ターゲットが知りたい情報を先回りして用意することができれば，購入しようか迷っている人に対して背中を押すことができるはずです．

　AISASの4番目は，購買行動です．実際に商品を買ってくれる段階です．ターゲットが普段から使っている購入方法を用意しておいてあげれば，購入するまでのハードルを下げることができます．たとえば若者向けの商品なら，スマホ決済，クレジットカード決済，通販，コンビニ受け取り，などがあると，非常に購入しやすいはずです．逆に高齢者向けの場合，実際に訪問して説明してあげることが喜ばれるのではないでしょうか．このように，ターゲットが手を出しやすい購入手段を用意しておいてあげる，という視点は非常に重要です．

　インターネット上における消費者行動は，Action（購買）で終わりではありません．買った商品を「Share（情報共有）」するところまで含めて，1つの行動パターンであると言えるのです．インターネット上におけるシェアというと，以下のようなものがあります．

- SNSでのシェア
- 個人ブログでのシェア
- 口コミサイトへの書き込み

　当然ですが，ポジティブなシェアが増えてくれれば増えてくれるほど，商品の評判も良くなり，売上も上がっていきます．

　では，我々が何をすべきなのかというと，「ポジティブなシェアをしやすい場を作ってあげる」ということです．たとえば，SNSでキャンペーンを行い，シェアしてくれた人にプレゼントを渡すというのも1つの手ですし，口コミサイトに登録しておいて，口コミを書き込む場所を用意してあげるというのも1つの手です．あとは，「シェアしたくなるような商品づくり」を行うのも効果があります．

　特に女性向けにビジネスをしている場合，写真映えする商品を作れ

ば，インスタグラムなどで共有してもらえる確率はぐっと上がるはずです．インターネットが普及している現代では，ユーザー同士のシェアが大きな影響力を持ちます．そのため，ビジネスは商品を購入してもらって終わりではない，ということは常に意識しておくべきでしょう．

　ここまで，AISASモデルについて説明をしてきましたが，実はこのAISASモデルは，もともとあったAIDMAモデルを基に提唱されたものです．そこでここからは，AISASモデルとその基となったAIDMAモデルの違いについて説明していきます．

　AISASモデルとAIDMAモデルの大きな違いは，想定されている状況です．ここまで説明してきたとおり，AISASモデルはインターネットが普及した時代の消費者行動パターンを表しています．それに対し元祖とも呼べるAIDMAモデルは，1920年代というインターネットが普及していない時代に提唱された行動パターンなのです．

　ちなみにAISASモデルとAIDMAモデルを並べると**表4**のようになります．

表4：AISASモデルとAIDMAモデルの比較

Attention（認知）	Attention（認知）
Interest（興味）	Interest（興味）
Search（検索）	Desire（欲求） ……興味を持ったものに対して，実際に欲しいという欲求を抱いた段階
Action（購買）	Memory（記憶） ……欲しいという欲求を記憶，持続させている段階
Share（情報共有）	Action（行動） ……実際に購買行動に移る段階

　この表を見ればわかるとおり，認知から興味を持つまでの流れは，今も昔も変わっていません．しかし，そのあとの行動が，インターネットの普及により変化したというわけです．

AISAS モデルの成功例：ライザップ

　ライザップは，短期間でのダイエットを目的としたパーソナルトレーニングジムです．ライザップが行った AISAS モデルの段階毎の施策は以下のとおりです．

• Attention（認知）

　ライザップは，テレビ CM によってその存在の認知度を上げました．広告費をしっかりとかけ，認知を広げていったわけです．CM の出来も良く，頭に残りやすい BGM，わかりやすいビフォーアフターなどが特徴的です．

• Interest（興味）

　ライザップは，「結果にコミットする」という強いコピーでターゲットの興味を惹きました．ほかのジムに比べてより結果を出すことに力を入れている，というメッセージがわかりやすく，本気で痩せたいと思っている人，つまり本気で悩んでいる人に対して強くリーチすることができたのです．

• Search（検索）

　ライザップは，検索エンジンを使う人に向けて対策を行いました．紹介報酬制度（アフィリエイト）を作ることで，肯定的なページがたくさん検索上位に出てくるよう仕向けたのです．

　紹介報酬を得るには，自分が作ったサイトから実際に成約してもらう必要があるため，紹介報酬目当ての人たちは，必然的にポジティブな記事を増やしてくれます．そのためライザップは，検索をかけたターゲットに，ポジティブな情報を届けることに成功したのです．

• Action（購買）

　ライザップは「30日間の全額返金保証制度」を導入することによって，購買の後押しを行いました．ライザップは2ヵ月で29万8千円という高額な料金設定になっているのですが，返金制度があることにより，安心してサービスを購入することができたわけです．

• Share（情報共有）

　ライザップは，厳しい分，目に見えて効果が出るサービスにすることで，多くの人にシェアされました．どういうことかというと，厳しさを乗り越えて実際に痩せたからこそ，そのことを共有したいと思う人が多くいたのです．つまりライザップは，顧客に結果を出させることで自発的なシェアを促していたわけです．また，たとえ顧客本人にシェアする気がなかったとしても，結果が出れば見た目がみるみる変わっていくため，周りの人間が気づきやすい，ということも大きかったと推測されます．

　以上が，ライザップのAISASモデルです．これを見ればわかるとおり，「大金を使ってでも，どうしても痩せたい」と考えている層にターゲットを絞り，効果的にリーチ（WEB広告が到達）しています．そうすることで話題が話題を呼び，痩せられるパーソナルトレーニングジムとしてのブランドを確立させたわけです．

(EX.) AISASモデルの5つのモデルとは？
(ANS.) Attention, Interest, Search, Action, Share

第2章

経営戦略

2-1 自社は何をすべきか ―MVP

　企業の経営戦略のうち最初に考えるべきことが「自分たちは何をなすべきか」ということです. これには3つの概念があります.
（1）Mission…長期目線でどういう未来を実現したいか
（2）Vision…少し先（1〜3年）の未来に何を成し遂げたいか
（3）Purpose…原点（過去）にある自分たちの目的
　3つ合わせてMVPと言います. つまり, 実現すべき未来と自分の原点をつなぐために戦略は作られます. よってPurposeとMissionを確認し, そこから詳細緻密なビジョンへと落とし込んでいきます.

過去⇒⇒⇒⇒⇒⇒現在⇒⇒⇒⇒⇒⇒⇒⇒⇒⇒⇒⇒⇒⇒⇒未来
　⇓　　　　　　　　　　⇓　　　　　　　　⇓
Purpose:　　　　　　Vision:　　　　　　Mission:
始めの理念　　　　　近い未来向けて　　長期的にみて
過去のヒット商品　　取り組むべき課題　描く未来
失敗の教訓　　　　　次の1手　　　　　あるべき姿

図8：Purpose, Vision, Mission の概念図

（EX.）MVPとは？
（ANS.）Purpose, Vision, Mission

2-2　事業ドメインとアンゾフ・マトリクス

　事業ドメインは日本語で事業領域と言われます．事業戦略を立てる上で最初に行うべきことは自社の事業ドメインを定義することです．事業ドメインは「誰に」「何を」「どのよう」の3軸，換言すれば「顧客軸」「技術軸」「機能軸」で定義し，それぞれに於いて分析・確認します．ある化粧品会社の場合の一例を挙げると次のようになります．「20〜30歳代の肌が敏感な女性」に「天然素材化粧品」を「ネット通販で」販売するということになります（図9）．現状のドメインを確認したうえで，次の成長戦略を考える時に役立つ方法がアンゾフ・マトリクスです．

図9：事業ドメイン

　次にアンゾフの事業拡大マトリクスとは，縦軸に「市場」，横軸に「製品」を取り，それぞれ「既存」「新規」の2区分を設けた，4象限のマトリクスです（図10）．この4象限から企業の成長戦略オプションを数多く抽出しようとするもので，経営戦略を検討する著名なフレームワークのひとつです．ロシア系アメリカ人の経営学者のH.I.アンゾフ（1918〜2002）が提唱しました．

第1象限．市場浸透（ここでの象限は学校数学の象限の位置とは異なります）

　「市場浸透」は，既存の商品を使って既存の市場で成長しようという考え方です．この場合，企業は同一顧客の購入頻度を高めるとか，販

製品

	既存	新規
既存 **市場**	**市場浸透** 既存の市場×既存の製品 購買数・購入金額・リピート率を 高める（既存製品の売上拡大）	**新製品開発** 既存の市場×新規の製品 関連商品や機能追加商品を販売 （既存顧客に新しい製品を売る）
新規	**新市場開拓** 新規の市場×既存の製品 海外進出や、顧客ターゲットの変更を 行う（新規顧客に既存製品を売る）	**多角化** 新規の市場×新規の製品 新たな収益機会を得る （新規顧客に新しい製品を売る）

図10：アンゾフの事業拡大マトリクス

売ボリュームを増やすとかの工夫が必要になります．

　かつてコカ・コーラのキャンペーンが，「喉の乾きにコカ・コーラ」（喉が渇いた時に飲む）→「いつでもどこでもコカ・コーラ」（喉が渇いたときだけでなくリフレッシュのために飲む）→「No Reasonコカ・コーラ」（理由もなく飲む）と展開していったのは，既存市場で既存使用品をいかに多頻度で飲ませようとしていたかの顕著な例と言えるでしょう．

第2象限．新製品開発

　「新製品開発」は既存市場に新商品を次々と出して成長していくという考え方です．次々に新しい商品を出していくビールやインスタントラーメンといった事業のケースは，この象限にあてはまるでしょう．

第3象限．新市場開拓

　「新市場開拓」は既存の商品を新市場に出して成長していく考え方です．"新市場"には2種類の考え方があります．1つは，地理的に新しい市場という考え方，もう1つは，地理的には同じであっても対象と

する顧客セグメントを広げるという考え方です．前者の例としては，自動車や家電のメーカーが，国外にディーラー網を広げ，販売エリアを世界に広げるパターンなどが，イメージしやすいでしょう．後者の例としては，男性用の衣服や香水などをユニセックスの商品として女性にも販売するようなケースが挙げられます．

第4象限．（狭義の）多角化

新市場に新商品を出していく考え方で，これは「狭義の多角化」と言われます．市場にも製品にも取っ掛かりがないため，非常にリスクの高い成長オプションです．しかし，ベンチャーのほとんどは，経営そのものが，この第4象限に属しています．大企業であっても不可能というわけではありませんが，リスクは高いと言えるでしょう．

このマトリクスの使用にあたり重要なことは，以下2点です．

- 自社の強みなり，ビジネスモデルの付加価値をきちんと把握すること
- その強みや付加価値を利用しながら，成長できるオプションを抽出すること

ここで，富士フイルム（株）の成長マトリクスを見てみましょう．富士フイルム（株）はご存じのとおり，主力商品の写真フィルム（株）がほぼ消滅するなか，新しい業態に変革しなければなりませんでした．そこで富士フイルム（株）は，実際に4象限のマトリクスを作成しました．ここで，富士フイルム（株）の成長マトリクスを見てみましょう．

第1象限．市場浸透戦略

：既存の写真フィルム（株）などの技術を既存の市場に提供することです．興味深いのはインスタントカメラ「チェキ」（すぐに現像した写真が出てくるカメラ）が年間500万台の大ヒットを記録し，デジタルカメラの販売台数を逆転していることです．既存の技術，既存の市場でも，実はマーケティング次第で新たな需要を掘り起こしています．

第2象限．新商品開発戦略

：富士フイルム（株）はレントゲンフィルムやデジタルX線画像診断システムを通じて，医療業界に強い接点を持っていました．その医療業界に，レーザー内視鏡や医療用画像情報

ネットワークシステムなど新しい技術を提供しました.

第3象限. 新市場開拓戦略：既存のフィルム製造技術や光学レンズ技術を生かし，新しい市場に液晶用フィルムや携帯電話用プラスチックレンズを提供しています.

第4象限. 多角化戦略：医薬品や化粧品・サプリメントなどです. ただ，富士フイルムの4象限マップでは化粧品は多角化戦略のマスに入っていますが，コラーゲンの酸化防止技術という既存の技術を生かした化粧品ビジネスは，新市場開拓戦略に入れることも可能です.

　以上が，富士フイルム（株）の4象限マトリクスです. 富士フイルム（株）は自社の技術と市場を活かし，シナジー（相乗効果）を発揮させた，巧みな多角化戦略を取っていることがわかります.

(EX.) アンゾフ・マトリクスにおいて，既存の市場×新規の製品は何か？
(ANS.) 新製品開発

2-3　複数の事業分野には PPM を使う

　プロダクト・ポートフォリオ・マネジメント（Product Portfolio Management: PPM）は，米ボストン・コンサルティング・グループ社（BCG）が1970年に提唱して以来，経営分析のスタンダードとして長く親しまれてきた手法です. Product とは「製品」，Portfolio とは「資産の一覧」という意味です（**図11**）. つまり，自社が世に送り出している各製品を，わかりやすい図にしてまとめ，それを参考にして今後の経営を考えよう，というものです. 複数の事業分野を持つ企業が全社の方針を立てる時に使われます.

　プロダクト・ポートフォリオ・マネジメントにおいて，事業は4つに分類されます. 「問題児（Question Mark）」「花形（Star）」「金のなる木（Cash Cow）」「負け犬（Pet）」です. 多くの事業は「問題児」からスタートし，「花形」→「金のなる木」という順での成長を目指します. 「負け犬」は，もはや事業の発展が見込めず，撤退するしかない段

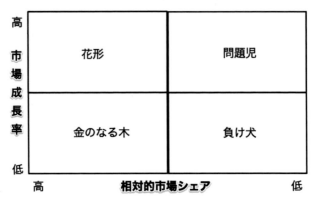

図11：PPMマトリクス

階です．

1．「問題児」は，市場シェアが低く，市場成長率が高い状態．製品を
売り出したばかりの段階です．製品の認知度が低く広告費用がか
さむため，売り上げがほとんどないか，赤字になってしまう場合
もあります．しかし，赤字続きであっても，「問題児」の事業を手
放すのは得策ではありません．「問題児」は，市場成長率（将来
性）が高く，大きな利益を生む可能性を秘めているからです．
　クラスの問題児に手がかかるのと同様，「問題児」段階の事業には
積極的な投資が必要とされます．広告やイベントを通じて製品の
価値を広く認知させ，市場シェアを高めて「花形」に育て上げま
しょう．ただし，努力虚しく「負け犬」に移行してしまう可能性
もあるので，どうしても収益に結びつかない場合，潔く撤退する
ことも視野に入れておきましょう．
　「花形」の製品は，市場シェア・市場成長率ともに高い状態．伸び
盛りであり，今後もますます売上を増やす可能性を秘めています．

2．「花形」段階での課題は，市場シェアを維持・拡大しながら「金の
なる木」に移行させること．設備投資や販促活動のため，まだま
だ積極的な資金投入が必要となります．

3. 「金のなる木」は，市場シェアが高い一方，市場成長率が低い状態．あまり資金を投入しなくても利益を生みつづけられます．「金のなる木」が生んだ利益は，「問題児」や「花形」などの事業に回しましょう．「金のなる木」エリアは，成長しきった市場で企業がひしめき合っている状態．現在のシェアをいかに守っていくかが課題です．

4. 「負け犬」は，市場シェア・市場成長率ともに低い状態．収益が縮小し，今後発展する可能性はありません．やせ細っていく利益を最大化しつつ，タイミングを見計らって撤退するのが得策です．

　プロダクト・ポートフォリオ・マネジメント理論における 4 つの段階を紹介しました．「問題児」からスタートし，資金投下によって「花形」になり，さらに成長して「金のなる木」に到達する，というのが理想的な流れです．そして，「金のなる木」が生んだ利益は，新たな「問題児」を成長させる資金となり，その「問題児」が新たな「金のなる木」に変わっていきます．このように理想的な好循環を，BCG は「サクセス・シークエンス（Success Sequence）」と呼んでいます．反対に，悪い流れは「ディザスター・シークエンス（Disaster Sequence）」と呼ばれます．「問題児」が成長できず「負け犬」になったり，「花形」のシェアが低くなって「負け犬」に転落したりする流れです．プロダクト・ポートフォリオ・マネジメントにおいては，ディザスター・シークエンスをなるべく避け，サクセス・シークエンスを目指すのです．

PPM の事例（1）：ソニー

　まずは，戦後日本で最大に成功を収めたといわれる，AV 機器の大手メーカーのソニーついて，その代表的な事業における PPM 分析を行います．ソニーは20世紀においては，代表的な AV 機器を多く販売し，世界屈指のブランド力を持っていますが，2000年以降は，業績が低迷していました．そのため，それまで「花形」，「金のなる木」とな

40

っていた，AV 機器事業やパソコンブランド VAIO が「負け犬」となり，VAIO を売却，AV 事業の縮小によって，2015年に復活を遂げました．そのため，現時点での花形事業は，金融分野（ソニー銀行等）に大きく依存しており，その他，ゲーム＆ネットワークサービス，音楽やイメージング・プロダクツ＆ソリューションなどが，「花形」や「問題児」と分類されます．

PPM の事例（2）：サントリー

　サントリーの事業は，日本初の本格的なウィスキーを製造・販売したウィスキー部門と，それまで大手３社における寡占的市場に後発として参入したビール部門，さらには「花形」となる製品を多く製造・販売している清涼飲料水部門があります．ウィスキー部門においては，作れば売れると言われるほどの，「金のなる木」事業となっています．一方で，後発となったビール部門は，それまで大手３社が８割のシェアを占めるという寡占状態に途中参入した「問題児」部門でしたが，今やサッポロを抜き，業界３位の地位を占めています．また，清涼飲料水事業においては，「花形」製品を多く販売し，日本有数の飲料会社となっており，PPM 分析などによる経営戦略が的中した結果と言えるでしょう．

(EX.) 問題児，花形，金のなる木，負け犬の中で最大の利益を生むのはどれか？
(ANS.) 金のなる木

2-4　企業の現状分析の定番 ―SWOT 分析

　SWOT は，Strength（強み），Weakness（弱み），Opportunity（機会），Threat（脅威）の４つの頭文字です．図12のフォーマットを見てください．縦軸が内部要因と外部要因，横軸がプラス要因とマイナス要因です．現状を自分の努力で変えることができる内部要因と，自分では変えることのできない外部要因に区別して考えることで，やるべき

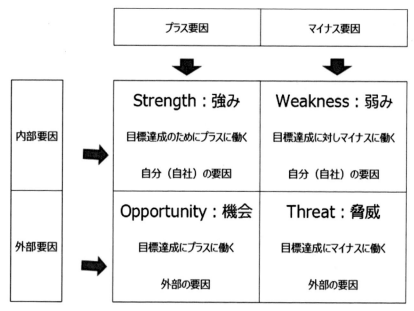

図12：SWOT分析

ことや課題を明らかにしていこう，というのがSWOTの考え方です．

　上の表のS（強み）・W（弱み）・O（機会）T（脅威）のそれぞれの枠に，あてはまる要素を書き込んでいくわけですが，ここからはSWOT分析のやり方について，事例を使って見ていきましょう．
　ここでは，ある整骨院を例にとり，SWOT分析で現状を明らかにした上で，さらに一歩進めた「クロスSWOT分析」でオプション戦略を考えるというプロセスを，一緒にたどってみることにします．A整骨院の目的を見てみます．有効な結果を得るために，必ず目的をはっきりさせてからSWOT分析を行うことがポイントです．

（事例）A整骨院の目的：
　売上げをアップさせたい．現在，夕方から夜の時間帯の来客が多い

が，昼間の時間帯はあまりお客が入っていないため，昼間，特に午前中の時間帯の来客数を増やしたい．

（内部要因）

強み：Strength

　強みは，内部要因の中で目標を達成するためにプラスに働く，ライバルと比べて優位性のある要因のことです．これを伸ばして優位性をより高めていく方向性で考えます．

弱み：Weakness

　弱みは目標達成のマイナスに働く阻害要因，または重要な要素であるのに不十分であることです．こちらは何らかの手段で補強する，または克服するための方法を考えます．

　強みと弱みを考えるときの視点は，以下のような項目が考えられます．自分の能力，得意分野，長所・短所，ほめられること，本質的な強み，パッション，実績，体験，など，商品・サービス，技術，ノウハウ，情報発信力，営業力，人脈，資金，内部スタッフ，協力者，応援者，立地，販売網，等

　ではここで，事例の A 整骨院の強みと弱みを見てみましょう．

　強み：Strength
　　■スポーツの怪我の治療が得意
　　■駅から近い
　　■痛くない施術
　　■応援してくれる得意客の存在
　弱み：Weakness
　　■地域での知名度が低い
　　■情報発信が少ない

（外部要因）

機会：Opportunity

　機会は，目標を達成するうえでチャンスとなるような外部の要因や環境の変化を指します．できれば自分の強みを活かせて，勝機のある

競合の少ない市場を見出すことができれば理想的です.

脅威：Threat

　脅威は，目標の達成を阻害するような影響を与える外部の要因や環境の変化です．回避することができるか，または何らかの方法で影響を弱めることができるか，を考えます.

　マクロ的（国民経済全体）外部要因では次のようです.

政治，法律，経済……規制緩和，消費税率，景気の動向　など

社会，人口統計……社会問題への関心，少子高齢化　など

テクノロジー……新技術の開発　など

文化，ライフスタイル等……流行，ブーム　など

　またミクロ的（個々の家計や企業）の外部要因としては，

仕入れ先・販売先，競合の動向，地域住民の年齢層・性別の傾向等

顧客のニーズや傾向，などが考えられます.

　Ａ整骨院の機会と脅威にはどんなものがあるでしょうか.

　機会：Opportunity

　　■小・中学校が近い

　　■高齢者が多い住宅街

　　■腰・関節の痛みのケアのニーズがある

　　■介護予防への関心が高まっている

　脅威：Threat

　　■近隣にマッサージチェーン店がある

　　■価格競争の可能性がある

　ここまでのＡ整骨院のSWOT分析をまとめてみると，**図13**のようになります.

（EX.）内部要因と外部要因の違いは何か？

（ANS.）自分の努力で変えることができる内部要因．自分では変えることのできない外部
　　　要因.

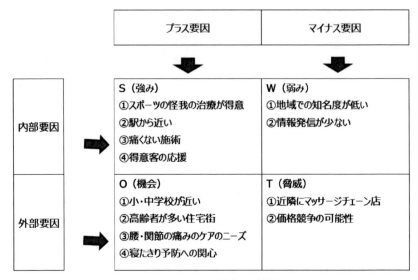

図13：SWOT 分析の具体例

2-5　企業の現状分析の定番 ―クロス SWOT 分析

　ここまでの SWOT 分析で，自分の現状を把握することができましたが，現状を把握しただけでは，肝心の「それで，どうしたらいいのか」は見えてきません．自分の持つ強みやチャンスを生かす戦略オプションを考えるためには，もう一歩，分析を進める必要があります．そこで使われるのがクロス SWOT 分析です．SWOT で出てきた情報を掛け算して，戦略オプションを考えるためのフレームワークです．

　ここからは，クロス SWOT 分析について，考え方とやり方を紹介します．SWOT 分析で出た各要素を互いにかけ合わせて戦略オプションを考えていくのがクロス SWOT 分析です．

　SWOT の各要素を掛け合わせると，次の4つの組み合わせができます．

	S	W
O	S×O（強み×機会）	W×O（弱み×機会）
T	S×T（強み×脅威）	W×T（弱み×脅威）

図14：クロス SWOT 分析

S×O（強み×機会）：強みを最大限に活かしてチャンスを掴む.

W×O（弱み×機会）：弱みを克服することで, チャンスを掴む.

S×T（強み×脅威）：強みを活用することによって, 脅威の影響を抑える.

W×T（弱み×脅威）：弱みと脅威によるマイナスの影響を最小限に抑える. または撤退する.

　これらを, SWOT で上がった要因の掛け算をして考えていきます. なお, 戦略案を出すときは, どれとどれを掛け合わせたのかを書いておくと, 後から見直したり他の人に見せるときに便利です.

　この中で, 特に重要なのは強みと機会を掛け合わせた S×O の枠. 強みを活かしたビジネス拡大を考える場合, S×O が最も重要となります. 機会と強みの中で出た項目の組み合わせを変えてみることで, いろいろな戦略のオプションを出すことができます. クロス SWOT 分析の4つの象限の戦略は一般的に次のように言われます.

S×O（強み×機会）：積極戦略

W×O（弱み×機会）：改善戦略

S×T（強み×脅威）：差別化戦略

W×T（弱み×脅威）：致命傷回避・撤退縮戦略

　ここまでで, いくつかの戦略オプションが並びました（図15）. とは言っても, これらすべてを一度に実施することは現実的ではありません. 次のステップとして, これらのオプションに優先順位付けと, 実行に移す戦略の絞り込みをしていきます. 目標を達成するために最も有効な戦略はどれか, 最も実行しやすい戦略はどれかなど, 指針を決めて出てきた選択肢に優先順位をつけていきます. そして, 実際に戦

46

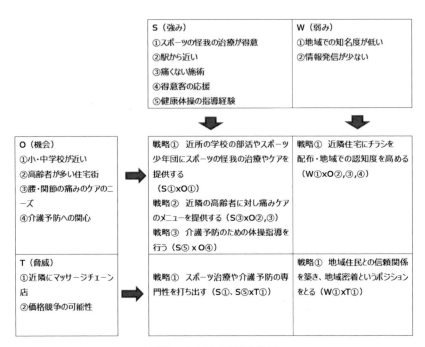

図15：クロス SWOT 分析

略として実行していくものをいくつか選んで実行します.

　SWOT 分析・クロス SWOT 分析は，一度やれば終わりというものではありません. 自分の状況や外部の環境が変わったときには，変化に対応した新しい戦略を立てるために，新しい前提に基づいた分析が必要になります. 定期的に SWOT 分析を行うことで，環境の変化をいち早く把握して事業戦略に反映させます.

（EX.）整骨院のSがスポーツの怪我の施術が得意，Oが小中学校が近い時の積極戦略は？
（ANS.）近所の学校の部活の怪我の治療やケアを提供する.

2-6 利益増の戦略 ―ポーターのファイブフォース分析

　ファイブフォースとは，業界の収益性を左右する「5つの要因」との関係性を分析する方法です．5つの要因とは，「競合他社」「新規参入業者」「代替品」「売り手」「買い手」のことを指し，これらを分析することで，業界の構造を把握できます．マイケル・ポーターが1979年に発表しました．

　ファイブフォース分析の目的は，業界内の変化や売り手・買い手との力関係を分析することで，いかに多くの利益を得るかを考察することです．ファイブフォース分析は，明快な分析ができるのが特徴で，多くの企業の経営環境分析に用いられています．ファイブフォース分析では，前述したファイブフォース（5つの脅威）を一つずつ分析することで全体像を浮き上がらせていきます．

　ファイブフォースを図示すると図16のようになります．

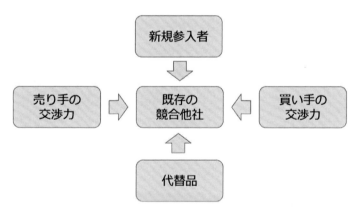

図16：ファイブフォース

　次にファイブフォースとは何なのか，くわしく解説します．

1．既存の脅威

　その業界において，今現在，脅威となっている競合他社のことです．

48

自社のほうがシェア率が高く事業規模も大きい場合，この脅威は小さくなりますが，他社が自社と同程度またはそれより規模が大きい場合，この脅威は大きくなります．

　既存の脅威が大きいほどに，商品の差別化はむずかしくなり価格競争も激しくなります．つまり利益は生みにくい状況にあるといえます．

2．買い手の脅威

　買い手とは，業界における顧客のことです．顧客による値引き要求などが高いと，この脅威も大きくなります．競合他社が多く進出していてほかの商品へ簡単に切り替えることができる状況では，買い手の脅威は大きくなります（買い手市場）．反対に，業界規模が小さくほかの商品への切り替えが困難な状況では，買い手の脅威は弱まるとされています．

3．売り手の脅威

　売り手とは，仕入れ先のことです．例えばレストランの場合の売り手は食材の仕入れ先のこと．仕入れ先が優位にある場合，仕入れコストは高くなり収益は下がります（売り手市場）．この状態は売り手の脅威が大きい状態だといえます．つまり売り手と自社の関係を良好に保つことが，この脅威を弱めることにつながります．

　ここまでが図16の横軸です．例として7,000円でセーターを販売するとして原材料費に3,000円かかっているならば，原材料の「売り手」が自分達の利益を3,000円分圧迫していると考えます．ここでの利益を増やすならば原料の「売り手」の3,000円を2,000円に下げさせることが必要です．そのためには「売り手」の売り先が多数あれば値下げ交渉が難しいので，「売り手」が自社のみにしか売れないような特別な原料を自社が使用することが必要でしょう．つまり「売り手」の販売先を自社が独占するような商品開発をすれば値下げ交渉も可能となり利益が増大します．

　次に「買い手（客）」が7,000円のセーターについて10,000円の価値

があると感じているのならば,「買い手（客）」が3,000円の利益を奪っていると言えます. よって自社はセーターを10,000円で売ればよいのです. あるいは「買い手（客）」が12,000円の価値があると感じれば,12,000円でも売ることができます. つまり, それだけ他社にはない高級感を出し, 客に高額な価値感を抱かせれば高く売ることができ, 利益が増大します.

4. 代替品の脅威

　既存の商品が, 新しいほかの商品に取って代わられてしまうことを指します. わかりやすい例に, マッチが点火棒（チャッカマン）に, 万年筆がボールペンに変わったことなどが挙げられます.

　代替品が出た場合には, 既存の業界は縮小していきます. 既存の商品で生き残っていくためには, 代替品にはない価値を見出すか, デザインや機能を進化させるかなどを検討する必要があります.

5. 新規参入の脅威

　業界に新たな競合他社が参入してくるかもしれないという脅威です. 一般的に飲食店などは新規参入するためのハードルが低く, 携帯電話サービスなどは資金が必要となるので新規参入しづらいとされています.

　新規参入があれば業界として競争が激しくなり, 利益は生まれにくくなります. こうした脅威に巻き込まれない対策として, 業界における自社の影響力を強めることなどが挙げられます.

(EX.) ファイブフォース分析の横軸にある利益を圧迫する要因を2つ挙げよ
(ANS.) 売り手, 買い手

2-7　未来構想 ―PEST分析

　PEST分析とは, 自社を取り巻く外部環境が, 将来的にどのように影響するのかを把握・予測するためのフレームワークです. Politics（政治）・Economy（経済）・Society（社会）・Technology（技術）という4つの要因から分析するため, 頭文字を取ってPEST分析と呼ばれて

います．PEST 分析を行うことで，自社の現状の把握や，自社にとって脅威となる要因を見つけ出すことが可能です．特に，経営やマーケティングに関する戦略を立案する際によく利用されています（**図17**）．

図17：PEST 分析

　PEST 分析を行ううえで必要な 4 つの項目について，具体例と併せて見ていきます．

• Politics（政治的要因の例）

　Politics では，政治的な観点から自社の環境分析を行います．より効率的な分析を行うためには，自社との関連性が高いものに限定して情報を集めることが必要です．Politics の要素の具体例として，以下が挙げられます．

- 政治動向
- 法律や条例の改正
- 規制緩和

- 政策の転換
- 税制や補助金制度，交付金制度の変化

　例えば，自社事業が関係する業界で新たな補助金制度が創設された場合，いち早く情報をつかんで対応できるか否かで，企業の経営状況は大きく変わってくるでしょう．

　Politics は経営の根幹にあるルールや環境を変える要素であるため，適切な分析が必要になる特に重要な観点と言えます．

- Economy（経済的要因の例）

　経済的な観点から自社の環境を分析するのが Economy です．企業の利益やコスト，株価などに直接影響する要素であるため，行政機関が公開している一次情報を集めて慎重に分析する必要があります．

　Economy の要素の具体例は以下のとおりです．

- 景気動向の変化
- 賃金動向の変化
- 消費動向の変化
- 為替の変化
- 金利の変化
- 株価の変化
- 物価の変化
- GDP（国内総生産）
- 原油価格の変化

　例えば，事業で製品の輸出や原材料の輸入などを行っている場合，為替の動向が売上やコストの行方を決定づけるため，すばやい対応が必要になります．

- Society（社会的要因の例）

　Society では，社会に影響を与える情報を集めて分析します．Society の要素の具体例は以下のとおりです．

- 流行
- 宗教

- 人口動態の変化（少子高齢化など）
- 社会インフラの変化
- ライフスタイルの変化
- 社会的事件
- 文化的な背景
- 教育体制

　上記の例を見ると，人口動態のように数値化できるものだけでなく，流行や宗教，ライフスタイルのように**数値化できない要素**も含まれていることがわかります．

- Technology（技術的要因の例）

　Technologyはテクノロジーやシステムといった**技術的な観点で分析**することです．新たな技術の獲得は事業の効率化や拡大につながるため，自社を成長させるために必要不可欠な項目です．

　Technologyの要素の具体例として，以下が挙げられます．

- AI
- IoT
- 自動運転システム
- ブロックチェーン
- メタバース・AR
- IT・デジタル技術
- 設計技術
- 研究開発技術
- 生産技術
- ドローン技術
- マーケティングツール

　どの技術が自社の事業に役立つかわからないため，広くアンテナをはって情報を集める必要があります．なかでも，IT関連の技術の進化はスピーディーで環境に与える影響も大きいため，常に情報を更新することが重要です．

　例えば，企業が新製品を開発・販売する際，具体的なターゲットを
設定するには，人口動態やライフスタイルに関する情報が必要になり
ます．単身者向けなのか，ファミリー向けなのかで製品に必要な機能
やプロモーションの仕方などが変わってくるからです．数値化できな
い要素も含んでいるので分析は複雑になりますが，Societyは的確な経
営戦略を立案するためには重要な項目です．

図18：アパレル産業PEST分析

　図18を見ると，アパレル業界は4つの項目のうち，Politicsと
Economyで脅威となる事態が起こったものの，SocietyとTechnology
で新たなビジネスチャンスを得ていることがわかります．Politicsにつ
いても改善していくことが期待されるため，総合的にはポジティブな
環境といえるでしょう．
　自動車業界では，Politics・Economy・Societyそれぞれで脅威といえ
る情報が挙げられています．そのため，Technologyの内容を活かした
新たな経営戦略を立てる必要があります（図19）.

（EX.）PEST分析の目的は？
（ANS.）自社を取り巻く外部環境が，将来的にどのように影響するのかを把握・予測する.

54

図19：自動車産業 PEST 分析

2-8　経営資源からの戦略 ―VRIO 分析

　VRIO 分析とは，自社の経営資源の競争優位性を明確にするための
フレームワークのことです．「VRIO」は「Value（経済的価値）」「Rarity
（希少性）」「Inimitability（模倣可能性）」「Organization（組織）」の頭
文字を並べた言葉で，読み方は「ブリオ」です．自社の経営資源であ
る「ヒト・モノ・カネ・情報」が，競合他社に比べてどれほど優位性
があるかを分析するために用いられます．

　VRIO 分析の評価結果には以下の5つがあります．

- 持続的競争優位（VRIO）
- 潜在的競争優位（VRI）
- 一時的競争優位（VR）
- 競争均衡（V）
- 競争劣位（VRIO のいずれもない状態）

「VRIO」のすべてにおいて他社より優れた状態である「持続的競争

優位」を築くことが，企業の成長と存続につながる最終到達目的です．

VRIO 分析で評価する 4 つの視点

　VRIO 分析を行う際には自社の経営資源について，**表 5** のように 4 つの視点から評価を行います．

表 5：VRIO 分析の 4 つの視点

視点	具体的な評価内容	当該視点がない場合に生じるリスク
Value（経済的価値）	自社が取り扱っている商品・サービスに，顧客や消費者が継続的に購入・契約のためにお金を支払ってくれるだけの経済的価値があるのかを評価する	自社の商品・サービスに経済的価値がないと，いずれは需要がなくなって市場自体が縮小し，収益を上げ続けることができずに事業存続は難しくなる
Rarity（希少性）	自社の商品・サービスはもちろん技術やサプライチェーンなどといった経営資源に，競合他社と比較して希少性があるのかを評価する	経済的価値がある会社でも，希少性がなければ競合他社によっていずれ淘汰されてしまう
Inimitability（模倣可能性）	自社の経営資源が他社にとって模倣しやすいかどうかを評価する	商品・サービス，独自技術や販路などが競合他社によって簡単に模倣されるものならば，コスト面で優れる競合他社によってシェアを奪われる可能性がある
Organization（組織）	自社の経営資源を十分に活用し続けるだけの組織力があるかどうかを評価する	どれだけ経済的価値の高い商品・サービスを扱っていて，模倣されにくい希少技術を持っていても，継続的に運用できるだけの会社組織になっていなければ，持続的な優位性は築けない

VRIO 分析のメリット

　VRIO 分析を行って自社の現状分析をすることには，大きく 3 つのメリットがあります．

1．コア・コンピタンスを明確にできる

　VRIO 分析を行うことで，自社の経営資源のなかで中核となる強み

である「コア・コンピタンス」を明確にできます．コア・コンピタンスとは，他社に模倣されにくい自社独自の強みという意味のビジネス用語です．グローバル化などによって市場の変化が激しいなかでは，自社のコア・コンピタンスを軸とした経営を行わなければ，変化に対応できなくなります．「VRIO」という4つの視点で振り返ることで，自社の経済的価値を高めているのが，商品・サービスなのか，それとも独自技術なのか，他社にはないサプライチェーンなのかなど，さまざまな視点で深掘りできます．自社の強みだけでなく弱みも把握できます．VRIO分析を行うことで競合優勢性の状態がわかるため，自社に足りていない弱みも把握できます．

　企業が継続的に成長・存続するためには，持続的競争優位性を持つことが不可欠です．独自技術があったとしても，特許取得できていなければ模倣される恐れがあります．現時点で経営状態が良好でも，キーマンの退職などによって組織運営が成り立たなくなる可能性もあるでしょう．

　VRIO分析は弱みについても考える機会になるため，経営方針の修正にも役立てられます．

2．経営戦略の構築や見直しに活用できる

　自社の強みや弱みがVRIO分析によって明確にできれば，経営戦略の構築はもちろん，定期的な見直しにも活用できます．

　経営戦略は，中長期的に自社がどういった活動をするかを明確にするために欠かせません．戦略立案には判断基準と根拠が必要なため，自社の強みや弱みを見える化できるVRIO分析が役立ちます．

VRIO分析の手順

　VRIO分析は以下の手順で進めます．

1．分析の目的を明確にする．
2．分析対象となる競合他社を選定する．
3．VRIO分析の4つの視点についての評価を行う．
4．競争優位性を参考にして経営戦略を立てる．

VRIO 分析の 4 つの視点についての評価

　VRIO 分析の 4 つの視点の「Value」から順番に「YES（有）／NO（無）」で評価し，競争優位性の状態を確認します．VRIO 分析を行う際には，**表 6** を参考にしながら「V → R → I → O」の順番で競合他社との相対評価を行います．「V」が NO ならば，その時点で「競争劣位」と評価され，自社の商品・サービスなどの経済的価値を見直す必要があります．「V」が YES ならば，次に「R」を評価し，NO ならば「競争均衡」と評価され，YES ならば次に「I」の評価を行います．「I」が NO ならば，「一時的競争優位」となります．「I」が YES ならば，次に「O」の評価を行います．「O」が NO ならば，「潜在的競争」に評価されます．「O」が YES ならば「持続的競争優位」と評価されます．

　このように順番に評価を行っていき，NO と評価された時点でそれ以降の評価結果は競争優位性に影響しません．ただし，持続的競争優位性の構築には将来的にすべての要素を満たす必要があります．

表 6：VRIO 分析の評価表

V（価値がある？）	R（希少性がある？）	I（模倣困難性がある？）	O（組織的に活用されている？）	優位性
NO				競争劣位

V（価値がある？）	R（希少性がある？）	I（模倣困難性がある？）	O（組織的に活用されている？）	優位性
NO				競争劣位
YES	NO			競争均衡

V（価値がある？）	R（希少性がある？）	I（模倣困難性がある？）	O（組織的に活用されている？）	優位性
NO				競争劣位
YES	NO			競争均衡
YES	YES	NO		一時的競争優位

V（価値がある？）	R（希少性がある？）	I（模倣困難性がある？）	O（組織的に活用されている？）	優位性
NO				競争劣位
YES	NO			競争均衡
YES	YES	NO		一時的競争優位
YES	YES	YES	NO	潜在的な競争優位

V（価値がある？）	R（希少性がある？）	I（模倣困難性がある？）	O（組織的に活用されている？）	優位性
NO				競争劣位
YES	NO			競争均衡
YES	YES	NO		一時的競争優位
YES	YES	YES	NO	潜在的な競争優位
YES	YES	YES	YES	持続的競争優位

　VRIO分析は，定期的に行わなければ効果を発揮できません．

　グローバル化やITの進化によって，市場の変化はもちろん，競合他社の入れ替わりも激しくなっています．そのため，VRIO分析をはじめとする経営分析は，中期経営計画の立案時などから3年ほどの周期で定期的に行い，自社の競争優位性を確認することが必須となります．

（EX.）VRIO分析の目的は？
（ANS.）自社の経営資源の競争優位性を明確にする

2‑9 競争の基本戦略 —ポーターの一般戦略

　利益の源泉は，価格で競争相手に勝るか，高い利幅で販売できるか，しかありません．前者を実現するには価格競争力，後者を実現するには差別化でリーダーになることです．市場を確保する手段も大きく分けて2つあります．大きな市場でシェアを取るか，ニッチ市場（隙間市場）を寡占するかです．これはポーターのファイブフォース分析と並ぶ業績です．次に業界別の例を挙げます（**表7**）．

表7：業界別ポーターの一般戦略

（自動車業界）

	差別化戦略	コストリーダーシップ戦略
マス戦略	自動車業界：高価格のBMW	自動車業界：トヨタ
ニッチ戦略	自動車業界：高級スポーツカーのポルシェ	自動車業界：軽自動車のスズキ

（アパレル業界）

	差別化戦略	コストリーダーシップ戦略
マス戦略	アパレル業界：高価格のZARA	アパレル業界：ユニクロ
ニッチ戦略	アパレル業界：高級スポーツウェアのナイキ	アパレル業界：婦人服のしまむら

（ハンバーガー業界）

	差別化戦略	コストリーダーシップ戦略
マス戦略	ハンバーガー業界：国産素材で旨い．マクドよりやや高いモスバーガー	ハンバーガー業界：マクド
ニッチ戦略	ハンバーガー業界：高価格，1個1500円バーガーのクアアイナ	ハンバーガー業界：店舗数少ない．女性客に人気のロッテリア

　自社と競合他社との位置取りを描き出したうえで，この業界における狙い目はどこかを考えます．より儲かりやすい位置取りがあり，自社が狙えそうならば，製品戦略を改めて実行に移します．

　もしも現在の位置取りが良い場合は，そこに他社が入ってこれないように，技術優位性，流通の確保，生産能力の増強，ブランド確立などのさまざまな移動障壁を作り，自分の地位を盤石にさせます．

(EX.) ポーターの一般競争戦略に於いて，自動車会社のポルシェはどの戦略を取っているか
(ANS.) ニッチ戦略と差別化戦略

2-10　地位別の戦略 ―コトラーの競争地位別戦略

　競争地位別戦略は，1980年にアメリカの経営学者，フィリップ・コトラー（1931年生まれ）が提案した競争戦略の理論です．コトラーは企業が保持している経営資源の質と量により，業界内の各企業を，リーダー，チャレンジャー，ニッチャー，フォロワーの4つに分類し，それぞれの地位に基づいた戦略があると提唱しました（表8，図20）．経営資源の質とは，技術力，マーケティング力，ブランド力，トップのリーダーシップ等であり，経営資源の量とは，社員数，資金，生産規模等のことです．

表 8 ：コトラーの競争地位別戦略

	質的経営資源大	質的経営資源小
量的経営資源大	リーダー （全方位）	ニッチャー （集中化）
量的経営資源小	チャレンジャー （差別化）	フォロワー （模倣）

　リーダーとは，市場シェアがトップの企業です．価格変更，新製品の導入，販売促進などで市場をリードする立場にあり，マーケティング関連資源や生産資源などを，他の企業より多く保有しているなど，

質・量ともに最大の経営資源を持つ企業のことです．

　リーダー企業は，規模の経済が最も効率的に働く立場にあり，市場規模が拡大する時に最もその利益を享受することができます．そのため，リーダー企業は，市場規模の拡大，最大市場シェアの維持・拡大・最大利潤や名声，No.1の地位の維持を目標として行動し，ターゲットとしては，「全方位・フルカバー」となります．

　また，戦略として以下の4つが挙げられます．

①周辺需要拡大

　市場そのものを大きくすることで，最大の市場シェアを有するリーダーは最も恩恵を受けることになります．

②同質化政策

　対チャレンジャー戦略です．下位の競合企業の差別化戦略に対し，相対的に優位な経営資源で模倣・追随して，その差別化戦略を無効にします．

③非価格政策

　価格競争に陥ると最も損失が大きくなるのはリーダーです．そのため，競合他社の低価格戦略には簡単に乗らないようにします．

④最適シェアの維持

　一定以上のシェアを獲得しても独占禁止法に抵触する恐れや，多大なコストがかかるなど，必ずしも利益が向上しない場合もあります．そのためリーダーは最も利益率が良いシェアを維持しようとします．

• チャレンジャー

　チャレンジャーは，経営資源の量は相対的に大きいが，質的にリーダーには及ばない企業のことです．市場シェアは一般的にリーダーに次ぐ規模を占めており，リーダーに挑戦し，市場シェアの拡大を狙う立場にいる企業です．

　チャレンジャーは，「リーダーへの挑戦」が基本的戦略の一つであり，リーダーができないことをやる「差別化戦略」を取ることによっ

て，長期的成長を図ろうとします．

• ニッチャー

　ニッチャーは，質的な経営資源には優れているが，量的には劣る企業のことです．リーダーが狙わない隙間市場（ニッチ・マーケット）など特定市場においてミニ・リーダーとなり得る企業です．戦略としては特定市場での「集中化戦略」です．

• フォロワー

　フォロワーは，経営資源の質・量ともに相対的に劣る企業のことです．現段階では市場シェアを狙えるような際立った独自性を持っておらず，リーダーやチャレンジャーの模倣をすることで，市場に食い込んでいきます．

　リーダーに挑戦せず，チャレンジャーの取り残しを狙いながら，市場での地位を確立していきます．戦略としては，上位企業に対しての「模倣戦略」や「低価格化戦略」となります．

	リーダー	チャレンジャー	ニッチャー	フォロワー
目標	・市場規模の拡大 ・最適市場シェアの維持・拡大 ・最大利潤や名声 ・No.1の地位の維持	・市場シェアの拡大 ・リーダーの地位を狙う	・特定の市場におけるシェア ・利潤 ・名声 ・イメージ	・市場で生存する ・適正な利潤を得る
ターゲット	・全方位 （フルカバー）	・リーダーに準じる （セミフルカバー）	・特定の市場	・低～中価格帯を求める層が中心
戦略	・市場規模拡大 ・他社の差別化戦略の同質化・無効化 ・非価格対応 　（価格競争しない） ・最適シェア 　（独占禁止法に触れない） ・フルライン化 ・チャネルは開放的 ・プロモーションは全体に訴求	・リーダーとの差別化 （極端な高価格・低価格、独自開発など）	・特定市場への集中化 ・特定市場におけるリーダー戦略	・リーダーやチャレンジャーの戦略の観察と模倣 ・低価格化

図20：コトラーの競争地位別戦略

　自動車業界と旅行業界におけるコトラーの地位を**表9**に示す．

表9：コトラーの競争地位別戦略の具体例

自動車業界	質的経営資源大	質的経営資源小
量的経営資源大	リーダー（全方位） トヨタ	ニッチャー（集中化） スズキ：軽自動車販売でトップを独走．インドでも成果を上げている．
量的経営資源小	チャレンジャー（差別化） ホンダ： ２輪やジェット機にも進出．電気自動車に注力．	フォロワー（模倣） 日産，マツダ

旅行業界	質的経営資源大	質的経営資源小
量的経営資源大	リーダー（全方位） JTB	ニッチャー（集中化） 楽天トラベル：実店舗を持たずインターネット専業で個人客に特化している．
量的経営資源小	チャレンジャー（差別化） 近畿日本ツーリスト 国内旅行に重点を置き，国内ツアーにユニークなものを売り出す．	フォロワー（模倣） 日本旅行

（EX.）コトラーの競争地位別戦略においてリーダーをトヨタとするとテスラは何か？
（ANS.）ニッチャー（電気自動車のみに集中．資金力はあるが，技術力は限られる）

2-11　内部資源の分析 ―バリューチェーン分析

　バリューチェーン分析とは，自社の事業やビジネスを「主活動」「支援活動」の２つに分類し，その工程を可視化することによって，どの部分にどのような付加価値が生まれているのかを分析するフレームワークのことです．この付加価値とは，一言であらわすとユーザー満足度を高めるための価値のことを指しており，例えば「短納期」「高品質」「商品バリエーションが多い」などが代表的な付加価値です．

● バリューチェーンとは

　そもそもバリューチェーンとは，ファイブフォース分析，一般戦略で既に紹介したマイケル・ポーターが提唱したフレームワークで，事

業活動によって生み出される価値を一つの流れとしてとらえる考え方のことです．1985年に出版されたポーターの著書『競争優位の戦略』の中ではじめて語られ，徐々に注目度を高めてきました．

• バリューチェーンの構成要素

　バリューチェーンは上でも説明した通り，事業活動全体を「主活動」と「支援活動」の2つに分類し，それぞれの工程を細分化するところから始めます．一般的な「主活動」と「支援活動」は図21で表せます．

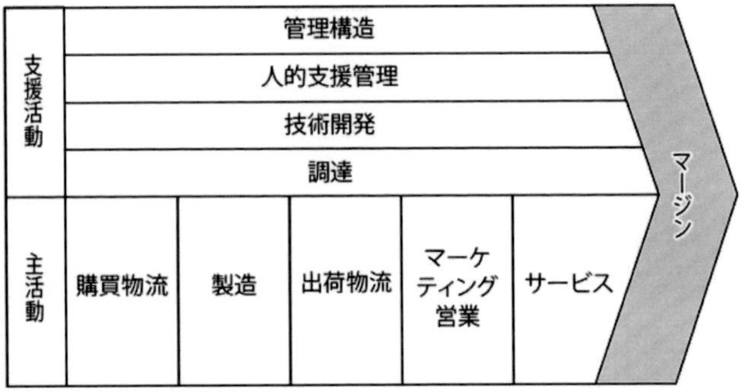

図21：バリューチェーン分析

　図21は一般的な製造業のバリューチェーンですが，ユーザーに製品を届けるまでは，主活動として「購買物流」「製造」「出荷物流」などの工程が挙げられます．一方，それら主活動をサポートする要素として「企業管理」「人事・労務」「技術開発」などの支援活動を挙げることができるでしょう．こうして細分化した工程を分析していくことが，バリューチェーン分析の第一歩です．

• 強みと弱みを把握できる

　バリューチェーン分析によって事業活動における各工程を細かく分析していくことで，自社の強みや弱みを把握することができるようになります．例えば製造の工程で品質とスピードの両方が優れていたとしても，物流の工程でそれらが劣っているとすると，最終的にユーザーに届けられる価値が上がりません．この場合，製造は強みであるが，

物流は弱みであると分析でき，どうすれば強みをより伸ばせるか，どうすれば弱みを改善できるかを考えていく足掛かりになります．また自社だけでなく，他社のバリューチェーンも分析することで，自社の特徴をより明確に知ることができ，競合との差別化や，市場全体での自社価値向上を目指すことができます．

• コストを最適化できる

　自社の強みや弱みを把握することは，経営に関するコストを最適化する効果も期待できます．あまり価値を出せていない工程であるのにコストを多く投入してしまっていたり，価値を出せている工程であるのにコストが投下できていなかったりすれば，見直していく必要があります．改善や解決を目指す場合，課題や原因が見つからなければ作業は進みません．そういう意味で，バリューチェーン分析は課題や原因を見つける効果的な手法といえるのです．

• バリューチェーン分析のやり方

　バリューチェーン分析は以下の４つのステップで行います．

STEP1：自社のバリューチェーンを洗い出す

STEP2：コストを分析する

STEP3：強みと弱みを分析する

STEP4：VRIO 分析を実施する

• STEP1：自社のバリューチェーンを洗い出す

　まずは自社のバリューチェーンを洗い出し，主活動と支援活動を整理することからはじめます．購買，製造，物流，販売，PR，サービスなど事業にともなうすべての活動を機能別に分類し，主活動とそれをサポートする支援活動に仕分けます．そして，自社のバリューチェーンを明らかにし競争の優劣を把握するため，主活動を細分化します．

• STEP2：コストを分析する

　続いてコストを分析します．エクセルなどに活動ごとのコストを記入し，担当部署も明記します．コストの比率を計算し，コストが何に

66

影響しているのか，また各活動でコストが関連性を持っているのかを分析することで，より深い分析ができます．何にどれだけのコストがかかっているかを明らかにすれば，効率的な活動とそうでない活動が明確になり，コスト削減の対象を検討しやすくなります．（本書ではこの部分は略します）

• STEP3：強みと弱みを分析する

各活動の強みと弱みを分析します．この際に気をつけるべきなのが，バリューチェーン分析の担当者の主観のみで分析しないことです．事業の現状を正しく把握するためにも，社内外の関係者から意見をつのり，多角的に分析することが重要になります．強みと弱みは，以下のような**表10**にすると比較しやすくなります．

表10：バリューチェーン分析の強み・弱み

活動内容	強み	弱み
商品企画	商品開発までのリードタイム（所用時間）が短い	競合他社を参考に企画するため独自性が低い
人事管理	定着率が比較的低い	人事評価の基準が明確でない

• STEP4：VRIO分析を実施する（2-8で学修済）

バリューチェーンの活動ごとに自社の経営資源の特徴を列挙し，V→R→I→Oの順に「Yes」「No」で判定します．「Yes」が多い活動ほど競争優位性が高く，「No」が多い活動は劣位性を持っていると判断できます．「No」と判定された活動は，その原因や不足している点を分析し，改善のための施策を打つことで事業価値を高めます．

• バリューチェーン分析の例1（伊藤園）

伊藤園は，「お～いお茶」を筆頭に様々なドリンクを販売している企業です．ほうじ茶や麦茶など，お茶をメインとして販売しています．

では伊藤園のバリューチェーンについてみていきましょう．伊藤園のバリューチェーンは次のようになっています．

1．商品企画・開発
2．調達
3．製造・物流
4．営業・販売

　特に「SDGs」という持続可能な開発目標を基盤として運営しているところが大きなポイントです．「お客様第一主義」を掲げ，それぞれの項目で価値提供ができるような施策を行っています．伊藤園は，日本においてお茶の市場を創造した立役者でもあります．そのため，そもそものブランド価値が高いということも1つポイントです．中でもバリューチェーンは，次のような点が特徴的となっています．

- 産地開発
- NS充填方式

　伊藤園は徹底的に産地開発にこだわっています．静岡・鹿児島・三重など，様々な産地で取れた高品質な茶葉を使って，お茶を製造しているのです．加えて，現在「茶産地育成事業」といって畑から育てていく活動も行っています．他にも生産者と茶葉を買い取る契約を交わしたり，培ってきたノウハウをもとに新産地で畑から育てていくことも行っているのです．

　このように，茶葉を生産するために実際に現地に行き，徹底的に高品質な茶葉を開発することを行っています．

　また，安全に配慮した価値提供も行っているのです．NS充填方式といって，常温充填が可能で，ボトルの殺菌の際に殺菌剤を使用しない方式です．この方式を取り入れることによって，消費者の方に安全に飲んでもらうことが実現できたのです．

• バリューチェーン分析の例2（スターバックス）

　スターバックスコーヒーは，アメリカで発足した世界規模のコーヒーチェーン店です．コーヒーはもちろんのこと，フラペチーノやラテなど様々なドリンクを提供しています．その他にも，ベーカリーやデ

ザートなど，コーヒーに合うようなフードメニューも充実しているのが特徴です．では，スターバックスのバリューチェーンについて確認していきましょう．

スターバックスのバリューチェーンは，次のようになります．

1．仕入れ
2．製造
3．物流
4．販促
5．サービス提供

仕入れは主に豆選びのことです．また，その豆を焙煎して実際の店舗へと輸送し，各店舗に保存されます．加えて，コーヒーに合うようなメニューを開発したり，マーケティング施策を練ったりします．最後に，そのメニューを販売していくまでが一連の流れです．スターバックスの場合，非常に強い特徴を持っているのが次の2つです．

- 独自の仕入れルートがある．
- サードプレイスの提供（自宅でも職場でもない，居心地のいい第3の場所）

スターバックスは高品質な豆を仕入れています．アラビカ種のコーヒー豆を厳選して提供しているので，質の高いコーヒーを飲むことが可能です．加えて抽出方法も様々ですので，淹れ方によって味の変化を楽しむことができるのも特徴の1つです．もちろんコーヒー豆の品質が高いことが前提ですので，独自の仕入れルートで高品質の豆を仕入れているのが大きな強みでしょう．

また，もっとも強い特徴としてはサードプレイスを提供していることです．居心地の良い空間を作って提供することや，おしゃれなカップを使用することなどで他社との差別化を図っています．そのため「他のコーヒー店よりもスタバを利用するとオシャレ」という心理を形成しているのです．

結果ブランディングの向上にもつながり，業績を伸ばしています．

スターバックスは豆の品質にこだわり，サードプレイスを提供していることで他社との差別化を図っている点が成功の秘訣です．

• バリューチェーン分析の例 3（ニトリ）

ニトリは，家具やインテリアを提供している企業です．生活必需品・調理器具・収納など，様々なジャンルの製品を提供しています．

ニトリのバリューチェーンは，次のようなものになっています．

1. 商品の設計
2. 材料の調達
3. 製造
4. 物流
5. 店舗販売

全ての工程を自社で完結させるモデルを採用しています．ニトリの場合，ノックダウン生産という方式で商品が生産されています．ノックダウン生産とは，中国で生産された製品や材料を輸入し，現地で組み立て・販売を行うことです．

この方式を取り入れることで，次のような効果が見込まれます．

- 時間的コストの削減
- 安価に製品を作成することができる

加えて，ニトリは SPA を導入しています．SPA とは商品設計の企画・製造・小売までの流れを一貫して行うことです．自社で全てを完結させることで，流通コストや生産する際のコストも削減することができます．市場のトレンドに合わせて，自社商品を素早く変更することができるのも 1 つのメリットです．

ニトリは，全ての工程を自社で一気通貫で行うため，大幅なコストカットが実現できています．

(EX.)　バリューチェーンとサプライチェーンの違いは？
(ANS.)　モノの流れがサプライチェーン．バリューチェーンは価値の流れで，特に流れの
　　　　どこでどのような価値が創造されているかに着目し，企業価値（利潤）の最大化
　　　　を図ることが目的．

2-12 新しい市場を創出 —ブルーオーシャン戦略

　ブルーオーシャン戦略は，フランス欧州経営大学院（INSEAD）教授であるW・チャン・キム氏とレネ・モボルニュ氏が，2005年2月に発表された著書『ブルーオーシャン戦略』の中で提唱した用語です．

　ブルーオーシャン戦略は，競合相手のいない新たな価値の市場を創造する戦略です．多数の競争相手がいる既存市場の中で激しい争いを行うことを「レッドオーシャン」と呼びますが，その反対で，未開拓かつ無限の可能性がある市場空間を「ブルーオーシャン」と呼びます．ここで注意しなくてはならないのは，味や品質を改善する，製造コストを圧縮するといった価値を高める方法に注目してしまうのではなく，「新しい価値を創造する方法を取る」ということです．そのためには「アクションマトリクス」と呼ばれる方法が存在します．アクションマトリックスとは，既存製品に「減らす」「取り除く」「増やす」「付け加える」の4項目のいずれかを行う方法です（**図22**）．既存市場（レッドオーシャン）の常識や基準を破る必要があるのです．

- アクションマトリクスの増やす

成功例：ドン・キホーテ ⇒ たくさんの商品を縦・横に積み上げる

新しい価値：お店を商品を探す探検の場にした．

- アクションマトリクスの減らす

成功例：味の素 ⇒ 使い切りの少量パッケージを発売

新しい価値：単身者が少額で利用できる．

- アクションマトリクスの取り除く

成功例：QBハウス ⇒ 髭剃り，洗髪をやめる．

新しい価値：低コスト・短時間．

- アクションマトリクスの付け加える

成功例：レッドブル ⇒ エナジードリンクに「翼をさずける」という
　　　　ロゴを加える．

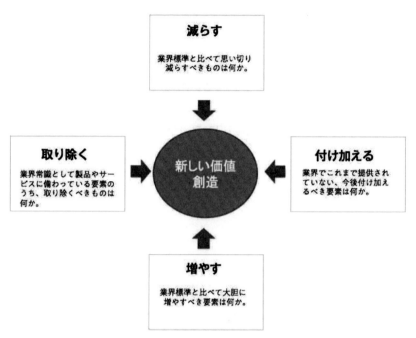

図22：ブルーオーシャンを創出するためのアクションマトリクス

新しい価値：飲む者に勇気を与える.

　ブルーオーシャンはいつまでも青いわけではなく，いつの間にか新参者が加わりレッドオーシャンに代わっていきます．会社は常に次なるブルーオーシャンを探求し続けなければならないのです.

(EX.) 100円ショップは4つのアクションマトリクスのどこに該当するか？
(ANS.) ドン・キホーテの100円版で100円物を大量に並べ，お店の中を回る楽しみを与える.

2-13　Time is Money ―タイムベース戦略

　企業の競争戦略において「時間」こそが希少資源であると考え，時間短縮をもって競争優位を築こうとする企業間競争を「タイムベース

競争」といいます．コスト競争，品質競争に代わる競争コンセプトです．似たような価格や機能，品質の製品・サービスを購入する場合，いつまでも待たされるよりも，即座に入手できるものの方が顧客の利便性や満足度が高い．従って，迅速に製品・サービスを提供できる企業の方が競争力が高いといえます．また，同じ時間で効率的に多くの活動が行えれば，コスト競争力の面で有利です．このように「時間こそが競争力の源泉である」と考え，時間短縮に焦点を当てるコンセプトが「タイムベース競争」です．この競争に打ち勝つための戦略を「タイムベース競争戦略」，この戦略を実践している企業を「タイムベース競争企業」といいます．

　タイムベース競争戦略は上記の「顧客価値の向上」「生産性の向上」のほかにも，同じ時間でより多くの企画や開発に取り組めることから「多様な製品投入による市場対応力の向上」，見込みで生産や仕入れを行う際により需要期に近いタイミングで判断が行えることから「リスクの軽減」，在庫リスクや欠品リスクが回避できることから「売上・利益の向上」といった競争優位につながります．

　タイムベース競争を提唱したのは，ボストン・コンサルティング・グループ（BCG）です．1980年代，米国BCGのパートナーであるジョージ・ストーク・ジュニア（George Stalk Jr.）らは，日米自動車企業の開発・生産体制を比較し，日本企業の強さはリードタイム短縮によるユーザーニーズの早期充足であると説明しました．リードタイムとは工程や作業の始めから終わりまでにかかる所要時間です．

　例えば，日本企業は新車の開発から発売までを36カ月で行うが，米国企業は60カ月かかります．この差は，企画・開発部門と製造部門，原料調達先，部品メーカーなどが早い段階から情報共有を行って仕事の重複を排除し，同時並行でできる仕事は必ず同時並行で行う，といった日本企業が持つ時間の使い方にあるというのです．

　ストークらはその著書『Competing Against Time』で，タイムベース競争の幕開けとして，本田技研工業（ホンダ）とヤマハ発動機（ヤ

マハ）の「HY 戦争」を挙げています．これは1979年にヤマハがオートバイ市場の盟主となると宣言し，市場リーダーのホンダに挑んだものです．経営史では一般に「激烈な消耗戦」と評価される争いですが，ストークらはホンダがわずか18カ月の間に60だったモデルを113に拡大，前代未聞の新製品ラッシュでヤマハの挑戦を退けたことを挙げ，その過程でホンダは経営システムを抜本的に作り変え，「タイムベース競争の先駆者となった」と評価しています．

　またトヨタ自動車は，車の納期（客の注文から客に車が届くまでの時間）を競争に取り入れ，他者を圧倒したことで有名です．

　タイムベース競争の実践は，ただ単に作業を急ぐというわけではありません．実際の企業活動を分析すると多くの場合，付加価値作業に用いられている時間は総時間の5％にも達していません．残りのほとんどは価値を生み出さない「待ち時間」であり，これを改善することがポイントとなります．BCGでは，これを「0.05〜5の法則」と呼んでいます．

　このようにタイムベース競争のコンセプトは，日本企業の「改善活動」「ムダ取り」に由来しますが，その実践は業務現場にとどまることが指摘されています．タイムベース競争は，企画・設計・製造・営業・事務といった現場業務だけではなく，経営意思決定にも活用できるとされており，意思決定や情報フィードバックについても"タイムマネジメント"や"情報過剰・滞留の削減"の面から制度作りやシステム設計を考えていくことが有効と思われます．

（EX.）今日ネットから注文すれば明日届くというタイムベース戦略で成功した企業は？
（ANS.）アマゾン．アマゾンプライムに入会すればほとんどの商品が注文の翌日に届く．

2-14　規格標準化を ―デファクトスタンダード戦略

　デファクトスタンダードとは，商品や規格を自社で作成し，それが社会や市場の標準になっている状態のことです．該当市場の標準とし

て受け入れられているため，その段階までいけば簡単に利益を上げられるビジネスモデルです．また，標準となれば一定期間，安定した利益を確保できるため，**コストや事業リスクを抑えられるのがデファクトスタンダードの特徴**です．

　例としては，Windows OS や intel 製 CPU などを挙げると，デファクトスタンダードをイメージしやすいでしょう．

　Windows OS は，PC を動作させるために根幹となるシステムで，業務用の PC において，ほとんどのシェアを占めています．何十年前から Windows が当たり前になっていて，意識をあまりしませんが，「当たり前」という感覚は，スタンダードになっている証拠だと言えます．

　また，インテル製 CPU は，多くの PC に標準的に搭載されているハードウェアで，Windows OS と同様，多くの PC が導入をしています．

　このように商品がデファクトスタンダードになっていると，**大幅な売り上げにつながり，継続的に大きな利益を上げられます**．

• オープンアーキテクチャーとクローズドアーキテクチャー

　日本での最も有名はデファクトスタンダード争奪戦争は，1976に勃発したビクター・パナソニック連合対ソニーの間のビデオデッキのβ方式対 VHS 方式戦争です．画質や技術面ではβ方式が優れているという評価を受けながら，多くの企業が VHS 方式を採用したので，β方式ではなく VHS 方式がデファクトスタンダードとして市場での地位を確立しました．VHS 開発元のビクターが特許を無料公開したのに対し，ソニーは特許を無料公開しなかったので，他のメーカーが VHS を制作し，VHS 方式がデファクトスタンダードになったのでした．このようにデファクトスタンダードは自社の持つ技術や特許を規格として競合他社へ公表し，競合他社による互換製品による合計シェアが得られるので，市場の成長を促しやすい側面があります．

　これに対して自社の持つ技術・特許を公表せず，競合他社からの模倣を防ぎながら，市場における寡占的状態の創出を早期に行う方法をクローズドアーキテクチャーといいます．

次にデファクトスタンダードの戦略を，メリット・デメリットにわけて見ていきます．

● デファクトスタンダードのメリット

①マーケティングコストの減少

②効率的な業務活動や資源配分が可能

③他会社が自社製品を受け入れるしかない

①マーケティングコストの減少について

　競合が多い市場では，自社商品にどのようなニーズがあるのかを正しく把握し，今後の展開として付加価値や差別化をどのようにするのか考えるのが一般的です．しかし自社販売しているものが特定市場のデファクトスタンダードになっている場合，商品・サービスに対するマーケティングは，それほど必要ありません．標準となっている市場をどのように横展開して，近い市場のシェアを獲得していくかが事業拡大のポイントとなるでしょう．

②効率的な資源配分が可能になる点

　一般的な商品は始点が自社からではなく，商品やサービスを提供するまでに何かを仲介する必要がありました．サービス提供までにツールやコンサル会社を使ったり，広告で認知させたり，システム開発を外注をしたり，試行錯誤して初めて良い結果が得られます．

　しかし業界標準になればいつでも需要があるため，効果が不明確な場所にお金をかける必要がなくなり，最適だと思う場所のみに資源配分を行えます．

③他会社の顧客が自社製品を受け入れる点について

　自社製品が市場の大部分を獲得して業界標準となった場合，そのパーツを必要とする加工品は，他会社のパーツを選択するという選択肢がなくなります．そのため，パーツを必要とする会社はパーツの仕様・規格・デザインに合わせた加工をする必要があります．

　デファクトスタンダードの商品・サービスであるということは，そ

76

の周辺機能の商品を販売する会社は，標準品への接続性を確保するために，インターフェース（接続機器）を用意する必要があります．

　そしてこの流れが発生すると，何かを作るために標準であるものを選択せざるを得なくなり，自然にデファクトスタンダードの会社とそれを使う会社間で上下関係が生まれます．

　この関係を利用して標準品の値上げやライセンス料，使用条件などを調整することで，自社にとっての競合をコントロールすることができるのです．

・デファクトスタンダードのデメリット

　1つ目のデメリットは標準となるための確立が難しいという問題と，その後の維持も困難であることが挙げられます．自社でデファクトスタンダードを確立できそうになっても，それ以外の企業が対抗し，普及の意味をなくそうと行動する可能性があります．

　すでに市場の大部分を持っていてデファクトスタンダードになる場合は，対抗される恐れはありませんが，元々拮抗していたのに一社が勝ち抜けしようとすると，難易度はかなり上がります．

　そのためデファクトスタンダードを目指すのであれば，アライアンス戦略（他社との連合戦略）が有効だと言われています．アライアンス戦略では技術を自社で独占せず，むしろ積極的に他社に援助した上で，その世界を実質的にコントロールするようなやり方です．これは先程述べたVHS方式で取られた手法です．

　2つ目にデファクトスタンダードとしてのポジションを獲得しても，それに代わるイノベーション（技術革新）が他社から生まれてしまい，独自価値がなくなった時にはデファクトスタンダードの効果はなくなっていきます．VHS方式のビデオに代わるDVDやブルーレイ等のイノベーションがその典型例です．

　たとえ自社がデファクトスタンダードを確立できたとしてもそれは一時的なものにすぎません．企業は常にイノベーションを起こす弛まぬ努力を続けなければこの競争社会を乗り切っていくことはできません．

（EX.）デファクトスタンダードを得るためによくとられる戦略は？
（ANS.）アライアンス戦略（他社との連合戦略）

第3章
企業の社会的責任
CSR・CSV・ESG・SDGs

3‑1　日本の企業経営は環境経営から

　日本における企業経営を歴史的に辿ると「環境経営」⇒「CSR経営」⇒「サステナビリティ経営」という系譜になります．CSR（Cooperate Social Responsibility 企業の社会的責任）に関しては，日本，アメリカ，EUで起源が異なります．日本では1996年の国際環境マネジメント規格ISO14001発行と共に「環境経営」という言葉が流行しました．つまり1960年代の経済成長に伴って起きた水俣病に代表されるような環境問題の解決と予防に最重点を置く経営が日本では行われてきました．この環境重視の経営にマッチしたマネジメントシステムがISO14001です．そして日本はISO14001発行のわずか2年後の1998年に世界一のISO14001認証取得国になり，このISO14001をベースに本業に即した環境保全を目指す経営が「環境経営」ともてはやされたのでした．日本ではCSRの前にまず環境が存在したのです．これに対これしてアメリカではカーネギーやロックフェラーの例を挙げるまでもなく，成功企業のフィランソロピィ（慈善活動）がCSRの起源です．一方EUは，日・米とは異なり1993年のマーストリヒト条約発効によるEU誕生から現在に至るまで，移民問題とそれに起源を有する失業問題，特に若年失業率の高さに苦しみました．

　国家を超えた地域統合体であるEUには，雇用を中心とする社会問題の解決を国家ではなく企業に求めようという意識が強いのです．換言すれば，CSRの起源は日本では環境問題解決，アメリカではフィラ

ンソロピィさらに言えば収入の格差是正，EU では失業問題解決にあったといっても過言ではありません．つまり，この日本・アメリカ・EU の CSR 起源を統合して，環境問題解決に加えて格差是正や失業率減少などを実行して社会問題を解決していこうとする経営が「CSR 経営」です．そしてこの CSR 経営に「持続可能な開発（Sustainable Development）」を加えた経営が「サステナビリティ経営」と言えます．

● ISO14001とは

ISO 14001 は，企業自ら設定する環境方針を含め，環境マネジメントシステムを，後述する PLAN，DO，CHECK，ACT という PDCA サイクルに沿って実行するものである．1996 年に発行された国際環境規格です．

（1）環境方針＝PLAN

自社の企業活動や提供する製品・サービスが環境へ与える影響を考え，環境関連法規の遵守や継続的な改善，環境汚染の未然防止などを，経営者が方針として定め，企業として約束することが要求されています．

そして，この環境方針においては，一文書化し，全従業員に周知徹底するとともに，外部に対して公表すること，つまり，一般の人が入手できることが求められています．

（2）計画＝PLAN

自社の企業活動や製品・サービスが環境に影響を与える環境側面を洗い出し，その影響を評価して管理すべき「著しい環境側面」を決定すること，法規制や，その他の要求事項を把握して環境への影響を改善するための環境活動の目的と目標，そして，それを達成するための環境マネジメントプログラムを設定することが求められています．

環境側面とは，ISO 14000 シリーズに特有な言葉で，環境に負荷を与える原因のことをいいます．

（3）実施および運用＝DO

環境マネジメントプログラムに基づいて，環境方針や環境目的・環

境目標を達成するために組織の役割，責任と権限を明確にし，社員すべてに必要な訓練を行うこと，組織内の様々なレベル間または外部の利害関係者とのコミュニケーションの手順，環境にかかわる情報の文書化とその管理の手順を定めること，などが求められています．

　さらに，この規格の特徴の一つである文書管理では，環境マネジメントシステムの主要な要素を文書化し，また実施過程では記録を残し，かつこれを適切に管理することが求められています．実施している環境マネジメントシステムの内容と結果を，第三者にもわかるものとして残すことが必要です．

　(4)　点検および是正措置＝CHECK

　環境に著しい影響を及ぼす工程などを日常的に監視し，管理する手続きを決めること，さらに目的と目標の達成状況，監視及び測定機器の校正，法規制の遵守状況などを監視し，管理する手順を定めることが求められています．

　(5)　経営層による見直し＝ACT

　組織が決めた環境マネジメントシステムの適合性と有効性を，一定期間ごとにチェックし，経営者が環境活動全体の妥当性を見直すこと，必要とあれば環境方針にまで遡って見直しを行い，次のPDCAサイクルに入って継続的な改善を行うことが求められます．

　ISO 14000シリーズによる審査登録制度は，構築された環境マネジメントシステムがISO 14001の要求事項を満たしているかどうかを，第三者機関が審査し，満たしていれば登録されます．これがISO 14001の認証を受けるということです．こうした企業の環境マネジメントシステムを審査する第三者機関を「審査登録機関」と言います．現在約50機関あります．

　この審査登録機関の能力や公平性，透明性を判定するのが「認定機関」です．認定機関は一国一機関が原則であり，日本ではJAB（The Japan Accreditation Board for Conformity Assessment：日本適合性認定協会）が認定機関です．ISO 14001の登録証は「審査登録機関」が

発行し，JABに登録通知するシステムになっています．

　日本は認証取得数において，1998年〜2006年まで認証取得数が世界一でしたが2007年以降，中国が世界一になっています．2020年のデータでは，ベストテンは以下です．

　1位中国：16829社，2位日本：17809社，3位イタリア：16858社，4位スペイン：12584社，5位イギリス：11627社，6位ドイツ：9955社，7位インド：8416社，8位フランス：6458社，9位ルーマニア：5221社，10位韓国：5091位．アメリカはこのような世界標準に参加することを嫌います．アメリカはわが道を行くというのが基本スタンスです．

（EX.）現在，ISO14001の認証取得第1位の国はどこか？
（ANS.）中国．中国に進出している日本や欧州の国が多く取得している．

3 - 2　2003年は日本の CSR 経営元年

　2003年は，日本企業が経営レベルでCSR（Corporate Social Responsibility），日本語では「企業の社会的責任」を経営レベルで考えるようになった紀元年です．つまり2003年には，リコーが社長直轄の「CSR室」を設置．帝人がCSR経営を機関決定し「コンプライアンス・リスクマネジメント室」を設置．松下電器産業（現パナソニック）が「CSR情報連絡会」を設置．ユニ・チャームが「CSR部」を新設．ソニーが「環境・CSR戦略室」を設置．さらに三菱電機，富士ゼロックス，NEC，東芝，富士通，アサヒビールなどではCSR体制準備を始めました．

　また公益社団法人経済同友会が2003年3月に第15回企業白書「市場の進化と社会的責任経営」を発行しました．その中で経済同友会はCSRの具体的内容とその基準を最も早く公にしたのでした．

　経済同友会とは，経営者が個人の資格で参加し，国内外の社会経済問題に特定企業の利害にとらわれない自由な対場から提言を行ってい

82

る団体です．2023年4月27日現在，1,511名の会員を擁しています．こ
れに対して一般社団法人日本経済団体連合会（経団連）は，個人では
なく日本の主要企業1,461社，製造業やサービス業など業種別全国団体
109団体，地方別経済団体47団体などからなり（2021年4月1日現在），
経済界が直面する内外の広範な重要課題について，経済界の意見のと
りまとめや迅速な実現を働きかけています．以下に経済同友会が上書
で示したCSRとその評価基準を示します．この文書はホームページで
広く公開されています．経団連はこのようなCSRの評価基準は公表し
ていません．

評価軸I：企業の社会的責任（CSR）
1．市場（主なステークホルダー：顧客，株主，取引先，競争相手）
• 持続的な価値創造と新市場創造への取り組み
• 顧客に対する価値の提供
• 株主に対する価値の提供
• 自由・公正・透明な取引・競争
2．環境（主なステークホルダー：今日の世代，将来の世代）
• 環境経営を推進するマネジメント体制の確立
• 環境負荷低減の取り組み
• ディスクロージャーとパートナーシップ
3．人間（主なステークホルダー：従業員，人材としての経営者）
• 優れた人材の登用と活用
• 従業員の能力（エンプロイアビリティ）の向上
• ファミリー・フレンドリーな職場環境の実現
• 働きやすい職場環境の実現
4．社会（主なステークホルダー：地域社会，市民社会，国際社会）
• 社会貢献活動の推進
• ディスクロージャーとパートナーシップ
• 政治・行政との適切な関係の確立
• 国際社会との協調

評価軸Ⅱ：コーポレートガバナンス（CG）

1．理念とリーダーシップ
- 経営理念の明確化と浸透
- リーダーシップの発揮

2．マネジメント体制
- 取締役／監査役（会）の実効性
- 社長の選任・評価
- CSR に関するマネジメント体制の確立

3．コンプライアンス
- 企業行動規範の策定と周知徹底
- コンプライアンス体制の確立

4．ディスクロージャーとコミュニケーション
- ディスクロージャーの基本方針やその範囲
- ステークホルダーとのコミュニケーション

（EX.）コンプライアンスとディスクロージャーの日本語は？
（ANS.）法令遵守と情報公開

3-3　2010年 ─CSR の国際規格 ISO26000発行

　2003年 3 月に経済同友会が『市場の進化と社会的責任経営』を発表してから 7 年後の2010年11月に CSR が ISO 26000として国際標準化されました．経済同友会の CSR は経営者視点で書かれています．しかし ISO 26000は，政府・産業界・労働・消費者・NGO・その他有識者という多様なセクターが参加するマルチステークホルダー方式（多様な利害関係者による方式）により策定されました．400人を超えるエキスパートが参加した，ISO においては空前の作業部会規模で進められました．2005年に作業グループとして活動が開始されて以来 5 年の歳月が費やされました．この規格は次のように言うことができます．「持続可能な発展を実現するために，世界最大の国際標準化機構 ISO によって，

多様な参加と合意のプロセスで開発されたあらゆる組織に向けた社会的責任に関する初の包括的・詳細な手引書」

ISO 26000は CSR（Corporate Social Responsibility）ではなく，SR（Social Responsibility）とされます．つまり企業のみならず，すべての組織例えば政府・自治体・労働組合・大学・学校・病院・NGO・マスメディア・消費者団体などに適用できる規格です．これは作成メンバーがマルチステークホルダーである以上当然のことです．

ISO 26000の翻訳書は『ISO 26000: 2010 社会的責任に関する手引き』として2011年1月20日に日本規格協会より発売されました．2012年3月21日には，JIS Z 26000として JIS化されました．ISO 26000は，審査員が審査して審査機関が認証を与える品質マネジメントシステム ISO 9001や環境マネジメントシステム ISO 14001と異なり，認証目的で用いられません．あくまでもガイダンス（手引き）に過ぎません．このように ISO 26000は，認証を目的としたマネジメントシステムではなく，SR に関わる広く普遍的な要素が示されています．その内容は7つの社会的責任を果たすための原則，7つの中核主題，36の課題よりなります．その中から，各組織が必要なものを自らが判断選択して取り組んでいくことになります．さらにこれらを履行した時に得られるメリットとして13の項目が指摘されています．

経済同友会のCSR と ISO 26000のSR を図で書くと**図23**のようになります．なお，図中のトリプルボトムラインとは ISO 14001: 1996が発行した翌年の1997年，英国シンクタンクのサステナビリティ社の創業者であるジョン・エルキントン氏が提唱した概念です．英語で単にボトムラインといえば通常の財務諸表で損益計算書の最終行，つまり当期の決算を意味します．これを経済面のみならず，社会面（人権や社会貢献など）や環境面（資源や汚染対策）からも均衡させるべきだという考え方がトリプルボトムラインです．環境や社会といっても公害や安全衛生など，目に見えやすい負の影響に偏っていた企業の関心が，貧困・人権・多様性などに広がっていく基盤となったとも言えます．

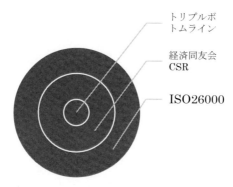

トリプルボ
トムライン

経済同友会
CSR

ISO26000

図23：トリプルボトムライン・経済同友会CSR・ISO26000

（EX.）CSR の日本語は？
（ANS.）企業の社会的責任

3-4　ISO26000の社会的責任を果たすための7つの原則

　ISO 26000では，始めに社会的責任を果たすための7つの原則についてのガイドラインが示されています．これらは全ての組織で基本とするべき重要な視点です．つまり全ての組織が守らなければならない内容です．

1つ目：4.2　説明責任

原則：組織は，自らが社会，経済及び環境に与える影響に説明責任を負うべきである．

2つ目：4.3　透明性

原則：組織は，社会及び環境に影響を与える自らの決定及び活動に関して，透明であるべきである．

3つ目：4.4　倫理的な行動

原則：組織は，倫理的に行動すべきである．

4つ目：4.5　ステークホルダーの利害の尊重

原則：組織は，自らのステークホルダーの利害を尊重し，よく考慮し，対応すべきである．

5つ目：4.6　法の支配の尊重

原則：組織は，法の支配を尊重することが義務であると認めるべきである．

6つ目：4.7　国際行動規範の尊重

原則：組織は，法の支配の尊重という原則に従うと同時に，国際行動規範も尊重すべきである．（ILO中核的労働基準，環境と開発に関するリオデジャネイロ宣言，腐敗防止に関連する国連条約など）

7つ目：4.8　人権の尊重

原則：組織は，人権を尊重しその重要性及び普遍性の両方を認識すべきである．（人権は1948年に国連で採択された「世界人権宣言」参照）

(EX.) 倫理と道徳の違いは？
(ANS.) 倫理は社会から与えられた規範，道徳は個人が判断する規範

3-5　ISO26000の社会的責任の7つの中核主題

　7つの中核主題（**図24**）とはこの中から組織が任意に選択して実施する内容が書かれています．

1：　6.2　統治組織
• 組織として有効な意思決定の仕組みを持つようにする．
• 十分な組織統治は社会的責任実現の土台である．
（具体例）
（1）監査役や監事の選定と適正な運営
（2）ステークホルダー・ダイアローグの実施
（3）コンサルタント，業界団体などの社外専門家の活用

2：　6.3　人権
• 人権を守るためには個人，組織両方の認識と行動が必要．
• 直接的な人権侵害のみならず，間接的な影響にも配慮，改善が必要．またこの人権の項では，実施すべき，克服すべき8つの課題が挙げ

られています.

①デューディリジェンス（6.3.3），②人権に対する危機的状況（6.3.4），③加担の回避（6.3.5），④苦情解決（6.3.6），⑤差別及び社会的弱者（6.3.7），⑥市民的及び政治的権利（6.3.8），⑦経済的，社会的及び文化的権利（6.3.9），⑧労働における基本的原則及び権利（6.3.10）

（具体例）

（1）差別のない雇用の実施.

（2）不当な労働条件下での労働や児童労働の禁止.

　• 特に中小企業が海外生産するときには十分な調査が必要である.

（3）人権教育の実施.

（4）人権相談窓口の設置.

（5）障がい者，高齢者など社会的弱者の雇用促進.

　特にISO 26000の「人権」の項目では，デューディリジェンス（Due Diligence）という言葉がキーワードとなっています.　人権におけるデューディリジェンスとは，自分の組織や取引組織等の関係組織が人権を侵害していないかを確認し，侵害している場合はその是正をすることを指します.（デューディリジェンスは，英語のDue（当然の，正当な）とDiligence（勤勉，精励，努力）を組み合わせた言葉で，直訳すると，当然の努力という意味になります.　もともとデューディリジェンスは，法律用語です.　企業が証券を発行するとき，開示している情報が証券取引法の基準に適合しているのか，投資家を保護する観点から開示情報を精査することを指して使われたことが語源と言われています.　この言葉も，今日では，主に投資用不動産の取引を行うときや，企業が他社の吸収合併（M&A）や事業再編を行うとき，あるいはプロジェクトファイナンスを実行する際，果たして本当に適正な投資なのか，また投資する価値があるのかを判断するため，事前に詳細に調査を行うことを指して一般に使用されています.　中小企業で，海外に拠点・取引を持つ場合は，海外での人権保護に十分な確認が必要です.

3： 6.4 労働慣行

- 労働慣行は，社会・経済に大きな影響を与える.
- 労働は商品ではない（1944年のILO フィラデルフィア宣言）.
- 労働者を生産の要素としたり，商品に適用する場合と同様の市場原理の影響下にあるものとして扱ってはならない.
- 全ての人は自由に選択した労働によって生活の糧を得る権利，及び公正かつ好ましい労働条件を得る権利を有する.
- 労働者のために公正かつ公平な処遇を確実にする主たる責任は政府にある．政府がそれらの法を制定できていない場合，組織はこれらの国際文書の基礎となっている原則を順守すべきである．国内法が適切である場合，たとえ政府による施行が不適切であっても，組織はその国内法を順守すべきである.

またこの労働慣行の項では，実施すべき，克服すべき5つの課題が挙げられています.
①雇用及び雇用関係（6.4.3），②労働条件及び社会的保障（6.4.4），③社会対話（職場での労使協議など）（6.4.5），④労働における安全衛生，⑤職場における人材育成及び訓練（6.4.7）
（具体例）
（1）職場の安全環境改善.
（2）ワーク・ライフバランス推進.
（3）非正規社員の正規登用制度の確立.
（4）人材育成・職業訓練の実施.
（5）高齢者など社会的弱者の積極雇用.

特に中小企業においては，雇用機会，労働時間など労働関連法令の再確認からスタートする必要があります．従業員・労働組合との話し合いなどを通じて組織と従業員にとってよりよい仕組みを作ることが重要です.

4： 6.5 環境

- 組織の規模に関らず，環境問題への取り組みは重要.

• 組織が環境に対する責任を持ち，予防的アプローチをとる．
• ISO 14001，エコアクション21などのマネジメントシステムは有効．
　またこの環境の項では，実施すべき，克服すべき4つの課題が挙げられています．
①汚染の予防（6.5.3），②持続可能な資源の利用（6.5.4），③気候変動の緩和及び適応（6.5.5），④環境保護，生物多様性，及び自然生息地の回復（6.5.6）
　注意：③の気候変動の緩和とは，温暖化の原因であるCO_2の削減を指します．適応とは温暖化の結果生じた大雨による川の反乱を防ぐ丈夫な堤防の建設などを指します．
（具体例）
（1）大気・水・土壌汚染の低減・浄化対策．
（2）資源利用量の削減・効率化（省エネ・省資源・CO_2削減）．
（3）資源の再利用・再資源化．
（4）環境マネジメントシステムの導入．
（5）サプライチェーンにおける環境・生物多様性保全活動実施．
　サプライチェーンとは，原材料の調達から生産・販売・物流を経て最終需要者に至る，製品・サービス提供のために行われるビジネス諸活動の一連の流れのことです．業種によって詳細は異なるが，製造業であれば設計開発，資材調達，生産，物流，販売などのビジネス機能（事業者）が実施する供給・提供活動の連鎖構造，つまりサプライチェーンは物の流れであるが，バリューチェーンは価値つまり利益の流れです．
　中小企業では最低限，環境に関する法令，条例を再確認します．どんな組織でも環境への接点はあります．身近なところからできることを実施します．神戸山手大学が2010年6月に兵庫県下の中小企業中心に行ったアンケート（約1,000社に送付，回収率約35パーセント）では，約20パーセントがISO 14001を認証取得しており，約5パーセントがエコアクション21を認証取得しています．更なる環境マネジ

メントシステムの認証取得が中小企業に求められています.

5： 6.6 公正な事業慣行

・他の組織とのかかわりにおいて，社会に対して責任ある倫理的行動をとる.

　またこの公正な事業慣行の項では，実施すべき，克服すべき5つの課題が挙げられています.

①汚職防止（6.6.3），②責任ある政治的関与（6.6.4），③公正な競争（6.6.5），④バリューチェーンにおける社会的責任の推進（自組織のみならず，取引先など，関係する組織にも，社会的責任を推進すること）（6.6.6），⑤財産権の尊重（知的財産まで含めた財産権を尊重し，その権利を侵害するようなことをしない）（6.6.7）

（具体例）

（1） 意識向上教育

（2） 内部通報・相談窓口の設置

（3） 下請け業者への配慮（支払期日・方法）

（4） フェアトレード製品等の購入（フェアトレード（公平貿易）とは，発展途上国で作られた作物や製品を適正な価格で継続的に取引することによって，生産者の持続的な生活向上を支える仕組み）

（5） 社会的責任活動の取引先・顧客への推奨

（6） 従業員の発明への正当な対価の補償

　中小企業では，独占禁止法，下請け法を再確認する．組織のトップが公正な事業遂行に取り組む姿勢を示すことが重要です.

6： 6.7 消費者課題

・自らの組織が提供する製品・サービスに責任を持ち，製品・サービスに危険が及ばないようにする.

・消費者がその製品やサービスを使うことで，環境への被害が出る等社会へ悪影響を与えてしまうことがないようにすることが重要.

　またこの公正な事業慣行の項では，実施すべき，克服すべき7つの課題が挙げられています.

①公正な情報提供及び契約履行（6.7.3），②消費者の安全衛生の保護（6.7.4），③消費者への持続可能な消費を促す（6.7.5），④消費者に対するサービス，支援，並びに苦情及び紛争の解決（6.7.6），⑤消費者データ及びプライバシー保護（6.7.7），⑥必要不可欠なサービスへのアクセス補償（6.7.8），⑦消費者の教育，意識向上に努める（6.7.9）
（具体例）
（1）品質マネジメントシステムの導入
（2）個人情報保護マネジメントシステムの導入
（3）安全基準の策定
（4）お客様窓口の設置・強化
（5）消費者とのコミュニケーション強化
（6）わかりやすいマニュアルの作成
（7）積極的な情報開示
（8）エコ推進活動・エコ製品製造
（9）社会的弱者などを対象とした割引制度
　中小企業では2009年に消費者庁の設立に鑑み，消費者課題に対する社会の意識が高まっていることを考慮して，一層消費者課題に対して積極的に取り組むことが必要です．ISO 9001やプライバシーマークなどの規格を活用して法令順守はもちろんのこと，消費者課題に対して組織が自主的に取り組むことが重要です．
7：　6.8　コミュニティへの参画及びコミュニティの発展
• 地域住民との対話から，教育・文化の工場，雇用の創出まで幅広くコミュニティに貢献する．
　またこのコミュニティへの参画及びコミュニティの発展の項では，実施すべき，克服すべき7つの課題が挙げられています．
①コミュニティへの参画（6.8.3），②教育及び文化への貢献（6.8.4），③雇用創出及び技能開発への貢献（6.8.5），④技術の開発及び技術導入（6.8.6），⑤富及び所得の創出（6.8.7），⑥コミュニティ構成員の健康への貢献（6.8.8），⑦コミュニティへの社会的投資（6.8.9）

92

（具体例）

（1）地域におけるボランティア活動

（2）地域住民・児童を対象とした啓発・教育活動

（3）地域におけるスポーツ促進

（4）社会的弱者の雇用促進活動

（5）ホームレス自立支援活動

（6）コミュニティ内組織の協力による技術開発

（7）コミュニティを対象とした事業

　この中核主題は他の中核主題と比べて法令などが定められていません．地域に溶け込んでいる中小企業にとってはそれぞれの特徴を生かした自由な形での貢献が可能と言えます．

ISO26000の７つの中核主題

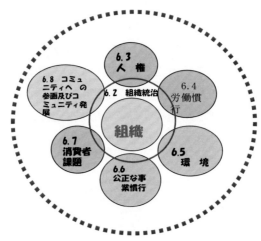

図24：ISO 26000の７つの中核主題

（EX.）ステークホルダー・ダイアローグとは？

（ANS.）会社の幹部と消費者の対話

3-6　ISO26000の具体例

　2011年に淡路島の最大級の養鶏業者から筆者のもとに、「地元から県庁に苦情が寄せられているがどうしたらよいか」との相談を受けました。そこでISO26000の次の項目を利用して逆にピンチをチャンスに変えようと試みました。

6.5　環境

- 組織の規模に関らず、環境問題への取り組みは重要。
- 組織が環境に対する責任を持ち、予防的アプローチをとる。

6.8　コミュニティへの参画及びコミュニティの発展

- 地域住民との対話から、教育・文化の工場、雇用の創出まで、幅広くコミュニティに貢献する。

　つまり、神戸山手大学がアンモニア消臭装置を作製すると共に、アンモニアを肥料にリサイクルしています。この鶏卵業者は毎年近隣住民対象にイベントを開いています。イベントでは放し飼いで飼育している一部の鶏の採卵やゲームを実施し、地域ステークホルダーとの対話を行っています。そのようなイベントでアンモニア吸収リサイクル装置を近隣住民等に公開し、ISO26000に従って環境への取り組みを進めていることを、近隣ステークホルダーに訴え、また大学と共同で環境保全に努めていることを強調して、ステークホルダーの納得を促進します。次に示すのがその装置です。

　この装置のブロワーやタンクは、もともと養鶏場にあり放置されていた未使用のものを使用しました。つまり廃品の再利用であり、製作費は総額で数万円です。現在はこの装置の上に庇（ひさし）を付け、次のような文章を載せた看板を作成中でした。これは、この養鶏場に就職した神戸山手大学の学生が作った文章です。

　私たち○○たまご（株）は、ISO26000の企業の社会的責任の精神に則り、悪臭対策、悪臭の原因であるアンモニアのリサイクルを進

写真1：アンモニアのリサイクル装置

めています.

　こちらにあります脱臭装置で屋根に溜まった悪臭の原因であるアンモニアガスを吸い込み酸性水に溶かすことにより悪臭の抑制を行い，脱臭装置により生成された水溶液は肥料として使用いたしております．これらの事業は淡路市商工会，神戸山手大学の産学との連携により実現したものです.

　今後，○○たまご（株）は，脱臭やリサイクル，各種イベントをはじめとして，本来業務である新鮮な卵を安く提供することを通じて地域の皆様に貢献いたします.

　このように大学や商工会を巻き込んで，環境保全に取り組んでいることを地域住民に見せることが，住民の不満を和らげるのに非常に有用です．岡山県美作市の環境対策課の方が岡山県最大級の養鶏場の悪臭に不満を持つ近隣の住民とこの淡路島の業者を視察されましたが，岡山県の養鶏業者が，せめて産学連携でこのような対策をしてくれればよいのにと嘆いておられました.

　近隣住民の不満を和らげるには，このように「ISO 26000に則り，産学連携で努力している」という姿勢を見せることが重要です．また大学から見ると産学連携が，事業に携わった学生の雇用に繋がるメリットがあります．実際今回の消臭事業で活躍した学生が，正社員として○○たまご（株）に採用されています．

(EX.) 環境の予防的アプローチの具体例を挙げよ？
(ANS.) 鶏糞から悪臭が出る時，近隣から苦情が来る前に悪臭が発生しないような対策を取る

3-7　中小企業にISO26000を広める企業市民制度

　埼玉県和光市では，2010年より「企業市民制度」を制定しました．これは地域社会に貢献する事業所を「企業市民」として和光市が認定し，市のホームページ等でその企業名を公表し，公共工事入札での加点，物品購入で認定企業を優先しようという制度です．和光市のHPには次のように記されています．
「市民と共に地域の社会活動を行う企業を企業市民として捉え，『和光市企業市民』に認定することにより企業の自発的な企業市民活動の推進を促し，もって市，市民，及び企業による協働のまちづくりに寄与する事を目的とします．」
　地域社会に貢献する企業とは，次にあげるようなさまざまな社会活動を積極的に行う組織を指します．これらの活動はISO 26000の活動に見事に合致しているのです．（　）内は，対応するISO 26000の項番を示します．
(1) 安心安全なまちづくりの観点から犯罪の未然防止，犯罪から弱者を守る活動を行う企業
(「6.8コミュニティへの参画及びコミュニティの発展」の中の「課題①コミュニティへの参画」)
(2) 災害の未然防止や災害時における各種支援活動を行う企業

（「6.5環境」の中の「課題①汚染の予防」）

(3) 業系ごみの減量化やCO_2の削減，環境美化活動を行う企業

（「6.5環境」の中の「課題2持続可能な資源の利用」）

(4) 青少年の健全な発達のために各種支援活動を行う企業

（「6.7消費者課題」の中の「課題⑦教育及び意識向上」または「6.8コミュニティへの参画及びコミュニティの発展」の中の「課題②教育及び文化」）

(5) 地域コミュニティ活動への協力や各種まち作り団体へ支援を行う企業

（「6.8コミュニティへの参画及びコミュニティの発展」の中の「課題①コミュニティへの参画」）

(6) 子育て支援に関する活動や男女共同参画推進企業，従業員の就業環境にやさしい企業

（「6.4労働慣行」の中の「課題②労働条件及び社会的保護」）

(7) ノーマライゼーションの見地から各種社会福祉活動を行う企業

「6.3人権」の中の「課題⑤差別及び社会的弱者」または「6.4労働慣行」の中の「課題②労働条件及び社会的保護」

　このように和光市の「企業市民制度」はISO 26000の展開例の典型です．ホームページに掲載された各企業をクリックするとそれぞれの企業のホームペーに移行できるシステムです．企業にとっては，市のお墨付きが得られ，宣伝効果は高いというメリットがあります．

　神戸山手大学のある兵庫県の太子町と太子町商工会でもこの制度を開始する準備を始め，筆者も全面協力しています．戦略的にはISO 26000を商工会会員に知らせ，その延長上に「企業市民制度」を敷衍していこうとするものです．

（EX.）ノーマライゼーションとは？
（ANS.）身体障碍者を差別なく平等に扱うこと

3-8　国連主導の CSR ─SDGs

1. SDGs 持続可能な開発目標とは何か

　2015年9月25日から27日にかけてニューヨーク国連本部において
「国連持続可能な開発サミットが開催され，150を超える加盟国首脳の
参加の下，その成果文書として，「我々の世界を変革する：持続可能な
開発のための2030アジェンダ」が採択されました．アジェンダは，人
間，地球および繁栄のための行動計画として，宣言および目標を掲げ
ました．この目標が17の目標と169のターゲットからなる「持続可能な
開発目標（SDGs）」です．

　国連に加盟するすべての国は，全会一致で採択したアジェンダを基
に，2015年から2030年まで，次に示す貧困や飢餓，エネルギー，気候
変動，平和的社会など，持続可能な開発のための諸目標を達成すべく
力を尽くすことが決定されました．また小規模企業から多国籍企業，
協同組合，市民社会組織や慈善団体等多岐にわたる民間部門がこの新
アジェンダの実施における役割を有するとしています．さらに政府と
公共団体は，地方政府，地域組織，国際機関，学究組織，慈善団体，
ボランティア団体，その他の団体と密接に実施に取り組むとしていま
す．もちろん政府や民間企業に対して，国連は強制力を持たないが，
これらのSDGsを無視はできないし，特にグローバル企業にとっては
これらのSDGsに対して何らかのアクションを起こさなくては世界企
業としての生き残りは困難です．

2. SDGs の前に MDGs があった

　2000年に国連は貧困対策を中心としてミレニアム開発目標
（Millennium Development Goals: MDGs）を決定しました．これは達
成期限を2015年とし，8つの目標から成っています．

1. 極度の貧困と飢餓の撲滅（注：極度の貧困とは1日1.25ドル未満
　で生活する人々と国連では定義されています．）

2．普遍的な初等教育の達成

3．ジェンダー平等の推進と女性の地位向上

4．乳児死亡率の削減

5．妊産婦の健康の改善

6．HIV／エイズ，マラリア，その他の疾病の蔓延防止

7．環境の持続可能性の確保

8．開発のためのグローバルなパートナーシップの推進

　MDGs はある程度の成果を上げました．2015年の報告では極度の貧困は，1990年の19億人から8億3,600万人まで減少しました．しかし地球上の9人に1人はいまだに十分な食料を得られていません．

　このような状況の下，MDGs に代わる新たな目標が立てられたのです．これが SDGs です．SDGs の特徴は，民間企業の協力なしには目標が達成されないとの認識の下，民間企業の CSR として SDGs を達成しようとしていることです．そのために民間企業が SDGs に取り組むための指針として SDG コンパスが作成されました．

(EX.) ミレニアムとは世紀末を指します．20世紀の世紀末は西暦何年？
(ANS.) 2000年です．

3-9　SDGs の17目標とアイコン

　グローバル企業は，SDGs の17の目標から自身が実行可能なものを選択して実施することを始めています．実施内容や成果を企業が発行する「CSR 報告書」「統合報告書」「サスティナビリティレポート」「社会環境報告書」等に書かれ始めています．国連広報センターでは企業や個人への浸透の必要性から，17目標のアイコンおよび英語のキャッチコピーを策定しました．さらに株式会社博報堂クリエイティブを中心に国連関係機関，SDGs に関わる日本の市民団体，日本政府，国際協力機構（JICA）といった幅広いアクターとのコンサルテーションを

重ね，イメージの湧きやすい日本語キャッチコピーも制作されました．

　なお，ここで取り上げるアイコンおよびロゴは国際連合広報センターHPで自由に使用してよいことが明記されており，誰でも自由にダウンロードできます．

●目標 1．あらゆる場所のあらゆる形態の貧困を終わらせる．

(NO POVERTY)

・このアイコンは左から祖父・女性孫・祖母・母・男性孫・父を表しています．

●目標 2．飢餓を終わらせ，食料安全保障および栄養改善を実現し，持続可能な農業を促進する．　　　　(ZERO HUNGER)

・我々日本人の感覚では，うどん・そば・ラーメンから湯気が上がっているイメージです．

100

●目標3．あらゆる年齢のすべての人々の健康的な生活を確保し，福
　　　　祉を促進する．　（GOOD HEALTH AND WELL-BEING）

・心電図が正常であることを示しており，
　健康と福祉を象徴しています．

●目標4．すべての人に包摂的かつ公正な質の高い教育を確保し，生
　　　　涯学習の機会を促進する．　　（QUALITY EDUCATION）

・ノートと鉛筆が質の高い教育を示してい
　ます．

●目標5．ジェンダー平等を達成し，すべての女性および女児の能力
　　　　強化を行う．　　　　　　　　（GENDER EQUALITY）

・このアイコンはユニークであり，♀と♂
　を○の部分で重ねて，中に＝とするのは
　目を引きます．

●目標 6．すべての人々の水と衛生の利用可能性と持続可能な管理を
　　　　　確保する．　　　　（CLEAN WATER AND SANITATION）

　　　　　　　　　　・水はわかるが，トイレについてはわかり
　　　　　　　　　　　づらいです．下向きの矢印がトイレの汚
　　　　　　　　　　　物を下水に流すことを表しています．

●目標 7．すべての人々の，安価かつ信頼できる持続可能な近代的エ
　　　　　ネルギーへのアクセスを確保する．
　　　　　　　　　　（AFFORDABLE AND CLEAN ENERGY）

　　　　　　　　　　・太陽の中に，パソコンの電源記号が記さ
　　　　　　　　　　　れています．クリーンエネルギーである
　　　　　　　　　　　太陽光エネルギーと電源を組み合わせて
　　　　　　　　　　　います．

●目標 8．包摂的かつ持続可能な経済成長およびすべての人々の完全
　　　　　かつ生産的な雇用と働きがいのある人間らしい雇用（ディ
　　　　　ーセント・ワーク）を促進する．
　　　　　　　　（DESENT WORK AND ECONOMIC GROWTH）

　　　　　　　　　　・経済成長は棒グラフと矢印で示しています．

●目標9. 強靱（レジリエント）なインフラ構築，包摂的かつ持続可
能な産業化の促進およびイノベーションの推進を図る．
(INDUSTRY INNOVATION AND INFRASTRUCTURE)

• 立方体を4つ組合せて安定性を表現して
います．

●目標10. 各国内および各国間の不平等を是正する．
(REDUCED INEQUALITIES)

• 周囲の4つの三角形は各国や国の中の
人々を表し，これらを平等にするという
意味を込めて中心に＝を入れています．

●目標11. 包摂的で安全かつ強靱（レジリエント）で持続可能な都市
および人間居住を実現する．
(SUSTAINABLE CITIES AND COMMUNITIES)

• 左から，戸建て住宅，マンション，オフ
ィスを表しています．右端の家には太陽
光パネルがあります．

●目標12.　持続可能な生産消費形態を確保する.
　　　　　　　（RESPONSIBLE CONSUMPTION AND PRODUCTION）

・目標12の原文にある「持続可能な」と無限大がリンクしています.

●目標13.　気候変動およびその影響を軽減するための緊急対策を講じる.
　　　　　　　　　　　　　　　　　　　（CLIMATE ACTION）

・眼の瞳に地球が写っています. つまり地球の気候変動に注意せよということを訴えています.

●目標14.　持続可能な開発のために海洋・海洋資源を保全し，持続可能な形で利用する.　　　　　（LIFE BELOW WATER）

・これは海の資源を意味しています.

●目標15. 陸域生態系の保護，回復，持続可能な利用の推進，持続可能な森林の経営，砂漠化への対処，ならびに土地の劣化の阻止・回復および生物多様性の損失を阻止する．

(LIFE ON LAND)

• 前図の海の資源と並んで，陸の資源を意味しています．木の横にいるのは鳥です．

●目標16. 持続可能な開発のための平和で包摂的な社会を促進し，すべての人々に司法へのアクセスを提供し，あらゆるレベルにおいて効果的で説明責任のある包摂的な制度を構築する．

(PEACE, JUSTICE, STRONG AND INSTITUTIONS)

• 平和の象徴である鳩とオリーブはよく見かけるイラストです．公正の象徴としてアメリカやヨーロッパの裁判官が持つガベル（木槌）が使われています．公正の象徴としては剣と天秤を持つ女神テミスが有名ですが，ここでは司法制度の充実を求めているので，ガベルが使用されています．

●目標17. 持続可能な開発のための実施手段を強化し，グローバル・
　　　　　パートナーシップを活性化する.

（PARTNERSHIPS FOR THE GOALS）

・5つの輪が表す5大陸の人々の連帯を表
　しています. 私のような60歳代の人間には
　エキスポ70のエンブレムが想起されます.

（EX.）目標16に出てくるグローバル・パートナーシップの意味は？
（ANS.）国際的連帯

3-10　SDGs の具体例

1.　SDGs の将来

　2017年 7 月17日，ニューヨークの国連本部で「持続可能な開発の認
知向上ための国連ハイレベル政治フォーラム（HLPE）」が開催されま
した. HLPE は，持続可能な開発目標SDGs の国際的なフォローアッ
プの場で，自国の取組みを発表する「自発的国家レビュー」に44カ国
が参加しました. 日本からは当時外務大臣であった岸田文雄が出席し
ました. 岸田は日本のビジョンとして「誰一人取り残さない多様性と
包摂性のある社会」を提示しました. その上で，安倍晋三首相を本部
長とする「SDGs 推進本部」を設置しました. マルチステークホルダ
ーによる「SDGs 推進円卓会議」の議論を経て，「SDGs 実施指針」を
作成し，一連の取組みを強く世界にアピールしました.

　日本国内では，格差是正，女性活躍，子供の貧困解消，若年者雇用
などに課題があるとし，「SDGs 実施指針」の施策を強力に推進するこ
ととしました. また国際協力では，子供や若年層の施策に力を入れる
こととしました. 資金援助では，教育・保険・防災・ジェンダー分野

を中心に2018年に10億ドルの大盤振る舞い実施を表明しました．そして企業のSDGsへの貢献を後押しするために国際協力機構（JICA）が「SDGsビジネス調査」を積極展開することになりました．同時にSDGsの認知向上のために「ジャパンSDGsアワード」が創設されることになりました．つまり「SDGs推進本部」が優れた取り組みを実施する企業などを毎年5件程度選んで表彰することにしたのです．また，SDGsに取り組む企業などには次に示すSDGsロゴマークが付与されます．

SUSTAINABLE DEVELOPMENT G⃝ALS

ロゴマークを付与された企業は，SDGsの17目標のどの目標に貢献するのかを，その進捗状況を測る指標と期限をあわせて国民に公開することが求められます．つまりグローバル企業は，本業に立脚したSDGs目標を実行することにより，ビジネスチャンスを得ることに標的を絞り出したということです．したがって今後我々は，前出のSDGsロゴマークや12目標のアイコンを目にすることが多くなることが予想されます．

2．SDGsをサステナビリティレポートに載せた企業の具体例

　味の素株式会社では『サスティナビリティデータブック2016』に表11のようなSDGsの実行を記載しています．味の素では，SDGsのみならずISO26000の中核主題の実行に関する詳細な報告も行っています．

表11：味の素のSDGs

目標2　飢餓をゼロに 目標3　すべての人に健康と福祉を	・ガーナ　マラウイにおける栄養改善プログラム ・ベトナム学校給食プロジェクト
目標12　つくる責任　つかう責任 目標13　気候変動に具体的な対策を 目標14　海の豊かさを守ろう 目標15　陸の豊かさも守ろう	・持続可能な農業に貢献する「バイオサイクル」 ・「食卓からのエコライフ」提案 ・カツオ生態調査への参画 ・森を守り，水を育む「ブレンディの森」森づくり活動

目標 5　ジェンダー平等を実現しよう 目標 8　働きがいも経済成長も 目標17　パートナーシップで目標を達 　　　　成しよう	• ガーナ栄養改善プロジェクト女性販 　売員の起用 • 女性活躍推進

（EX.）包摂の意味は？
（ANS.）一定の範囲の中に包み込むこと

3-11　ポーターの CSV は経営戦略に特化した CSR

1．CSV とは何か

　ハーバードビジネススクール教授のマイケル・E・ポーターは，2011年の『Harvard Business Review』誌の 1・2 月合併号に発表した共著論文，「Creating Shared Value」（共通価値の創造）（邦訳の論文名は共通価値の戦略）で CSV のコンセプトについて詳述しました．世界には環境問題・住宅問題・健康問題・飢餓・障がい者雇用などさまざまな社会問題があります．共通価値の創造（CSV）とは，ビジネスと社会との関係の中で社会問題に取り組み，社会的価値と経済的価値の両立による共通の価値を創造するという理論です．具体的には，社会的ニーズに応えることや社会が抱える課題解決に取り組むことで社会的価値を生み出し，それが結果として，同時に経済的価値を生み出すことです．この方法は企業の利益を犠牲にするのではなく，利益も大きくするところが肝心です．

　そして2011年の論文では，CSV は企業利益と社会利益が共に増加することを明確に打ち出し，CSV の実現のためには 3 つの方法があることを明らかにしました．

(1) 製品と市場を見直す方法

　（例 1）低所得で貧しい消費者の役に立つ製品を提供することで，社会的便益が広範にもたらされ企業も膨大な利益にあずかれます．ケニアではボーダフォンのモバイルバンキングサービスが，3 年間で 1 千万人の顧客を獲得したサービスの残高は，ケニアの GDP の11％に上り

ます.

(2) バリューチェーンの生産性を再定義する方法

（例2）バリューチェーンを改革する方法でエネルギーが節約される．ウォルマートは2009年包装を減らすとともに，トラックの配送ルートの見直しによって総計1億マイル短縮し，両方の問題に対処しました．その結果，納入数量増加にかかわらず2億ドルのコスト削減を実現しました．

(3) 地域社会にクラスターを形成する方法

（例3）このアプローチは次のような認識に立っています．零細農家の収穫量を増やす為に支援の手を伸ばしても，収穫された農産物を買ってくれる業者，収穫された農産物を加工できる企業，効率的な物流インフラ，投入資源の利用可能性がなければ，便益を永続的に創出できません．ネスレは苗木や肥料，灌漑施設など農業に不可欠な資源への援助，コーヒー豆の品質を向上するために湿式製粉施設の建設援助，地域の農業組合の強化，すべての農家に育成技術を教える教育プログラム支を実施しました．その過程でネスレの生産性・利益も向上しました．なお，ネスレはポーターの考えをいち早く取り入れ，『共通価値の創造報告書』を2008年より発行しています．

日本で具体的にCSV本部を最初に立ち上げたのは，キリン株式会社です．キリン株式会社は，キリングループがキリンビール・キリンビバレッジ・メルシャンの国内総合飲料事業を統括する会社であり，2013年に立ち上がりました．当時日本では，「もうCSRの時代は終わった．これからはCSVの時代」と言われました．

賢明な読者は既にわかっておられると思いますが，実はポーターが挙げた3つの例は前述のSDGsそのものです．

（例1）⇒ SDGsの目標8．包摂的かつ持続可能な経済成長及びすべての人々の完全かつ生産的な雇用と働きがいのある人間らしい雇用（ディーセント・ワーク）を促進する．

（例2）⇒ SDGsの目標12．持続可能な生産消費形態を確保する．

（例3）⇒SDGsの目標2．飢餓を終わらせ，食料安全保障及び栄養改
　　　　善を実現し，持続可能な農業を促進する．
（例4）⇒SDGsの目標4．すべての人に包摂的かつ公正な質の高い教
　　　　育を確保し，生涯学習の機会を促進する．

　つまり，ポーターがいうCSVの方法はピッタリとSDGsの方法と一
致するのです．キリンのCSV本部では，ポーターのいうCSVの3つ
の方法に対応する目標を次のように立てています．この目標もSDGs
の目標でカバーできます．

①製品と市場を見直す方法
運転による交通事故の多発という社会課題の解決につながる世界初の
アルコール分0.00％ノンアルコールビールの発売．
⇒SDGsの目標3.あらゆる年齢のすべての人々の健康的な生活を確保
し，福祉を促進する．

②バリューチェーンの生産性を再定義する方法
（資源の有効利用）缶を洗う工程で使用水を減らす「ハイブリッドリン
サー」を導入し，使用水を6割削減．2Lペットボトルに「NEWペコ
ローボトル」を採用した．日本初のボトルTOボトルリサイクルと植
物由来ペット原料の組合せで石油原料を37％削減するとともに質量も
40％削減．運送費も必然的に削減．
⇒SDGsの目標12.持続可能な生産消費形態を確保する．

③地域社会にクラスターを形成する方法
東北の復興支援活動「復興応援キリン絆プロジェクト」で地域の農業・
水産業に向けた取り組みを行っていく．
⇒SDGsの目標15.陸域生態系の保護，回復，持続可能な利用の推進，
持続可能な森林の経営，砂漠化への対処，ならびに土地の劣化の阻止・
回復及び生物多様性の損失を阻止する．

このように CSV と SDGs の親和性は非常に高いのです．SDGs は企業の経営戦略に乗せやすく，ポーターの CSV は真に企業の経営戦略そのものだからです．

2．ポーターの立ち位置

ヘンリー・ミンツバーグ等は『戦略サファリ』（東洋経済新報社，1999）の中で，経営戦略論を10の学派に分け，ポーターを「ポジショニング学派」としています．ポーターのポジショニングとは次の①②です．

①儲けられる市場を選ぶ．

②競合に対して儲かる位置取りをする．

ポーターの志向がポジショニングであることから，彼にとっては企業の社会的責任も企業がより良いポジショニングを得る手段であることは当然のことです．

ではなぜポーターは（経営）戦略的 CSR の進化系として議論を進めず，CSV という新たなネーミングを用いたのでしょうか．2つの要因が考えられます．アメリカは，ISO 26000（つまりは CSR（SR に含まれる））の ISO 化に最後まで反対した国です．ISO では最終的に FDIS（final draft international standard）での投票が行われ，IS（international standard：国際規格）となります．2010年7月12日の投票において82か国が投票しました．賛成66か国，反対5か国，棄権11か国のうち，反対した5か国は，アメリカ・インド・トルコ・ルクセンブルク・キューバです．最後まで反対を貫いた唯一の先進国がアメリカでした．

①したがってアメリカの名門 MBA 教授としては，アメリカが CSR の ISO 化に反対している以上，アメリカの経営層が賛成できる CSR に代わるネーミングを用いることが必要でした．アメリカは，企業の自由を最重要視します．したがって企業の社会的責任（CSR）まで規定されることは，企業の自由を束縛するもの以外の何物でもなく，反対するのは当然のことです．

②しかしCSRのISOガイドライン（ISO 26000）が出た以上，いくら戦略的と前に形容詞をつけても国際的にはCSRに関するISOガイドラインと競合すような議論はできません．

そこでポーターは「企業はCSRのステップを経ることでCSVに向かっていく．<u>しかし根本的にCSRとは異なる．</u>（下線筆者）」と，CSVとCSRは別物であることを強調したのです．CSRとは異なるネーミングで，CSRの異形でありながらISOの規定にとらわれず，自由に論じることが可能であるCSVというネーミングにより，ポーターは自分のより良いポジションを占めることを試みたと思料されます．

2015年にSDGsおよびSDGコンパスが発表されましたが，これは企業の価値と社会の価値の共通価値を目標化し，企業のより良いポジショニングを得ようとするものであり，ポーターの考えに近いものです．したがってCSVはSDGsを含有します．CSV，SDGを図示すれば**図25**のように書かれます．もちろんCSVの目標はSDGsの17目標に限られるわけではありません．

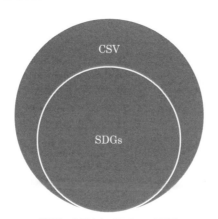

図25：CSVとSDGsの関係

さらに，ISO 26000とCSVの関係は**図26**のようになります．CSVは企業の経営戦略ですが，ISO 26000は企業だけではなくすべての組織が対象であり，当然包含関係はありません．

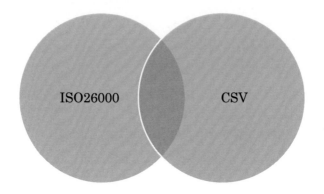

図26：ISO 26000とCSVの関係

3．CSVは新しい理論なのか

　「CSV新しい理論なのか？」この問に対してポーターは明確に「否」と答えています．2012年12月，一橋大学大学院国際企業研究科が主催するポーター賞表彰式のために来日したポーターは，次のように日経記者に答えています．

「第2次大戦後の再建の過程において，当時の日本の企業家の多くは資本主義を通じて国家を再建しようと企業活動を行いました．戦後初期の経営者らは国家再建のために企業活動を行っていました．戦後まもなくの食糧不足も政府だけでなく企業，資本主義，資本家によって解決されていきました．ですからビジネスリーダーたちはこういった共通価値の感性をすでに持っていました．」

　このようにポーターのCSV思想の源泉の一つが日本の戦後復興期の企業経営にあることをポーター自身が明らかにしています．

　またドラッカーは，『マネジメント』（1973）の中で，社会問題の解決は企業のマネジメントの役割であると明確に述べています．つまりポーターのCSVのコンセプトは新しいものではありません．

　ポーターは「企業はCSRのステップを経ることでCSVに向かっていく．しかし根本的にCSRとは異なる．（下線筆者）」と述べました

が，結局は CSR を経営戦略に取り込み，企業の利益を最大にするツールとしたものが CSV です．よって CSV は経営に特化した CSR，換言すれば利益を最大にする CSR と考えてよいでしょう．

(EX.) クラスターの意味は？
(ANS.) もとはブドウの房のこと．経営学では集団を意味する．

3-12　SRI と ESG 投資

　欧米の SRI（Socially Responsible Investment）社会的責任投資は，100年近い歴史があります．米国のプロテスタント メソジスト会がアルコール，ギャンブル関連企業を投資対象から外したのが SRI のはじまりです．宗教的投資家は，アルコール，タバコ，ギャンブルや武器に関わる企業を投資対象から外してきました．その後は，米国での市民権拡大運動（黒人・女性を差別する企業には投資しない）や南アフリカのアパルトヘイト反対運動（南アフリカに投資・進出している企業には投資しない）で，企業に圧力をかける手段として用いられてきました．その後企業評価は多様化します．1990年代には，例えば環境問題に対する取り組みの進んだ企業に積極的に投資するとか，原材料を調達する取引先で児童労働が発覚した企業の株式を売却するといった投資行動に拡大していきました．しかし自由営業の国アメリカ，自由投資の国アメリカでは，「SRI は，金銭的収益の最大化を目指す正当な投資とは別世界のもので，自分たちは手を出すべきではない．」という理解が一般投資家には固定していきました．

　ここで登場したのが「国連責任投資原則（Principle for Responsible Investment）」です．この国連責任投資原則とは，機関投資家の投資の意志決定プロセスや株式の保有方針の決定に環境（Environment），社会（Social），企業統治（Governance）課題（＝ESG 課題）に関する視点を反映させるための考え方を示す原則として，2006年4月に国連が公表した6つの原則です．つまり，投資家として環境，社会，企

業統治に関して責任ある投資行動をとることを宣言するものです．6
つの原則を次に示します．

• 国連責任投資原則（Principle for Responsible Investment, PRI）
1．私達は，投資分析と意志決定のプロセスにESG課題を組み込みます．
2．私達は，活動的な株式所有者になり，株式の所有方針と株式の所有慣習にESG課題を組み入れます．
3．私達は，投資対象の主体に対して，ESG課題について適切な開示を求めます．
4．私達は，資産運用業界において本原則が受け入れられ，実行に移されるように働きかけを行います．
5．私達は，本原則を実行する際の効果を高めるために，協働します．
6．私達は，本原則の実行に関する活動状況や進捗状況に関して報告開示します．

　この国連責任投資原則でESG投資という言葉がSRIに代わって市民権を得ました．国連責任投資原則は拘束力のない規範としてスタートしましたが，同原則を受け入れる旨を表明した機関は，上記の第6原則に基づき，国連投資責任原則の遵守状況に関する開示と報告が求められ，2013年10月からは，実施状況を確認・評価するための制度も導入されました．報告開示義務を遵守しなかった場合には，枠組みから除外されます．
　2022年3月現在，世界で60カ国，4,900以上の機関投資家等（年金基金，運用会社，関連サービス会社等）が国連責任投資原則を受け入れています．世界最大の年金運用機関である日本の厚生労働省所管の年金積立金管理運用独立行政法人（Government Pension Investment Fund, GPIF）も2015年，この国連責任投資原則に署名し，日本では50機関以上が署名しています．
　この国連責任投資原則を主導したのは，国連グローバルコンパクト

と国連環境計画金融イニシアティブ（UNEP FI）（金融機関の様々な業務において，環境及び持続可能性に配慮した望ましい業務のあり方を模索し，これを普及，促進していくことを目的とする機関）が主導し，カルパース（カリフォルニア州公務員の公的年金基金）やハーミーズ（英国を代表する大手機関投資家）などの主要な欧米の公的年金を巻き込んで策定したものです．もともと国連は各国政府をメンバーとする組織で，企業行動に直接影響力を行使する主体ではないと位置づけでした．しかし世界の環境・社会問題，例えば世界規模の紛争・気候変動・人権侵害というような問題を解決する上で経済活動，特に企業行動が不可欠であるという認識を行動に移したということです．換言すれが「世界を変える力は企業の力である．その企業の力を環境・社会に移行さすには，投資家と運用機関の考えを変えなければならない．」というものです．この実現がようやく2006年に起こったということです．その後，民間企業の力で環境・社会問題を解決しようとする ISO 26000（2010年），CSV（2011年）さらにSDGs・SDGコンパス（2015年）が続くのです．

(EX.) ESG とは？

(ANS.) Environment, Social, Governance

3-13　日本版スチュワードシップコード

　スチュワードシップ（stewardship）は受託者責任と訳される英語です．また，コード（code）は行動規範のことです．つまりスチュワードシップコードは受託者責任を果たすための行動規範を意味します．なぜ，日本版かというと，英国において英国企業財務報告評議会が，2012年9月に英国企業株式を保有する機関投資家向けに策定した株主行動に関するスチュワードシップコード（The UK Stewardship Code）を模範としているからです．

　日本では，2013年6月24日に公表された，アベノミクスの「第三の

矢」としての成長戦略「日本再興戦略」の中で，「成長への道筋」に沿った主要施策例として，コーポレートガバナンスを見直し，公的資金等の運用のあり方を検討することが盛り込まれ，そこで機関投資家が，対話を通じて企業の中長期的な成長を促すなど，受託者責任を果たすための原則（日本版スチュワードシップコード）について検討し，取りまとめることが閣議決定されました．

　これを受け，金融庁に「日本版スチュワードシップコードに関する有識者検討会」が設置され，同検討会が2014年2月26日（2017年5月29日改訂）に，7つの原則からなる「責任ある機関投資家の諸原則≪日本版スチュワードシップコード≫」を策定・公表しました．そして，多くの機関投資家がこれに賛同し，各々の行動方針をHPなどで表明しました．日本版スチュワードシップコードは法律ではないので，法的拘束力はありません．しかし，同検討会は，同コードの趣旨に賛同しこれを受け入れる用意がある機関投資家に対して，その旨を表明することを求めています．機関投資家が適切にスチュワードシップ責任を果たすことは，経済全体の成長にもつながると考えられます．法律ではないものの，金融庁に置かれた検討会が策定したものなので，ほとんどの機関投資家が賛同を表明しています．その冒頭及び7つの原則を示します．

「責任ある機関投資家」の諸原則≪日本版スチュワードシップコード≫について

　本コードにおいて，「スチュワードシップ責任」とは，機関投資家が，投資先企業やその事業環境等に関する深い理解に基づく建設的な「目的を持った対話」（エンゲージメント）などを通じて，当該企業の企業価値の向上や持続的成長を促すことにより，「顧客・受益者」（最終受益者を含む．以下同じ．）の中長期的な投資リターンの拡大を図る責任を意味する．本コードは，機関投資家が，顧客・受益者と投資先企業の双方を視野に入れ，「責任ある機関投資家」として当該スチュワ

ードシップ責任を果たすに当たり有用と考えられる諸原則を定めるものである．本コードに沿って，機関投資家が適切にスチュワードシップ責任を果たすことは，経済全体の成長にもつながるものである．

1．機関投資家は，スチュワードシップ責任を果たすための明確な方針を策定し，これを公表すべきである．
2．機関投資家は，スチュワードシップ責任を果たす上で管理すべき利益相反について，明確な方針を策定し，これを公表すべきである．
3．機関投資家は，投資先企業の持続的成長に向けてスチュワードシップ責任を適切に果たすため，当該企業の状況を的確に把握すべきである．
4．機関投資家は，投資先企業との建設的な「目的を持った対話」を通じて，投資先企業と認識の共有を図るとともに，問題の改善に努めるべきである．
5．機関投資家は，議決権の行使と行使結果の公表について明確な方針を持つとともに，議決権行使の方針については，単に形式的な判断基準にとどまるのではなく，投資先企業の持続的成長に資するものとなるよう工夫すべきである．
6．機関投資家は，議決権の行使も含め，スチュワードシップ責任をどのように果たしているのかについて，原則として，顧客・受益者に対して定期的に報告を行うべきである．
7．機関投資家は，投資先企業の持続的成長に資するよう，投資先企業やその事業環境等に関する深い理解に基づき，当該企業との対話やスチュワードシップ活動に伴う判断を適切に行うための実力を備えるべきである．

　ではESG投資とどのように関連するのでしょうか？原則3の指針3-3にESG関連用語が出てきます．
原則3　機関投資家は，投資先企業の持続的成長に向けてスチュワー

ドシップ責任を適切に果たすため，当該企業の状況を的確に把握すべきである．

原則3の指針3-3　把握する内容としては，例えば，投資先企業のガバナンス，企業戦略，業績，資本構造，事業におけるリスク・収益機会（社会・環境問題に関連するものを含む）及びそうしたリスク・収益機会への対応など，非財務面の事項を含む様々な事項が想定されるが，特にどのような事項に着目するかについては，機関投資家ごとに運用方針には違いがあり，また，投資先企業ごとに把握すべき事項の重要性も異なることから，機関投資家は，自らのスチュワードシップ責任に照らし，自ら判断を行うべきである．その際，投資先企業の企業価値を毀損するおそれのある事項については，これを早期に把握することができるよう努めるべきである

　つまり，ESG を軽視する投資先企業は，企業価値を毀損するので，その実態を早期に把握して投資をやめるべきであることを示唆しています．換言すれば，機関投資家等をとおして企業に ESG を迫るものが，日本版スチュワードシップコードであると言えます．

(EX.) スチュワードシップコードとは？
（ANS.) 受託者責任を果たすための行動規範

3-14　東京証券取引所　コーポレートガバナンスコード

　2015年6月1日，東京証券取引所がコーポレートガバナンスコードを発表しました．冒頭には次の文章が書かれています．

コーポレートガバナンスコードについて

　本コードにおいて，「コーポレートガバナンス」とは，会社が，株主をはじめ顧客・従業員・地域社会等の立場を踏まえた上で，透明・

公正かつ迅速・果断な意思決定を行うための仕組みを意味する．本コードは，実効的なコーポレートガバナンスの実現に資する主要な原則を取りまとめたものであり，これらが適切に実践されることは，それぞれの会社において持続的な成長と中長期的な企業価値の向上のための自律的な対応が図られることを通じて，会社，投資家，ひいては経済全体の発展にも寄与することとなるものと考えられる．

　この日本版コーポレートガバナンスコードは，次の5つの基本原則からなります．
1．株主の権利・平等性の確保
2．株主以外のステークホルダーとの適切な協働
3．適切な情報開示と透明性の確保
4．取締役会等の責務
5．株主との対話
　ESG に関する記述は次に示す基本原則2の「考え方」の中にあります．

　上場会社には，株主以外にも重要なステークホルダーが数多く存在する．これらのステークホルダーには，従業員をはじめとする社内の関係者や顧客・取引先・債権者等の社外の関係者，更には，地域社会のように社会の存続・活動の基盤をなす主体が含まれる．上場会社は，自らの持続的な成長と中長期的な企業価値の創出を達成するためには，これらのステークホルダーとの適切な協働が不可欠であることを十分に認識すべきである．また，近時のグローバルな社会・環境問題等に対する関心の高まりを踏まえれば，いわゆる ESG（環境・社会・統治）問題への積極的・能動的な対応をこれらに含めることも考えられる．
　上場会社がこれらの認識を踏まえて適切な対応を行うことは，社会・経済全体に利益を及ぼすと共に，その結果として，会社自身にも更に利益がもたらされるという好循環の実現に資するものである．

(EX.) コーポレートガバナンスコードとは？
(ANS.) 上場企業が行う企業統治（コーポレートガバナンス）で参照すべき行動規範

3-15　スチュワードシップコードと
　　　　コーポレートガバナンスコードの関係

　スチュワードシップコード（機関投資家等の規範）とコーポレートガバナンスコード（上場企業の規範）は2つでワンセットです。機関投資家は ESG の実行を企業に働きかけ，企業も ESG を実行することにより，環境・社会問題の解決を行うと同時に企業の経済価値を上げ，企業自身の持続的成長を図ることができます。同時に機関投資家も潤います。本来，経済・環境・社会問題の解決は国家が責任を負うものでしょうが，投資家・企業の力もできるだけ利用し，これらの解決を図って，持続的発展を行おうとするものです。

> スチュワードシップコード

　　　　　↓企業への ESG の働きかけと対話

> コーポレートガバナンスコード

　　　　　↓ESG の実行

> 企業による CSR、CSV、ISO26000、SDGs の実行

　最近では，企業が ESG を中心に据えて行う経営を ESG 経営と呼ばれています。サステナビリティ経営と並んで ESG 経営が市民権を得ているのが現状です。

(EX.) スチュワードシップコードとコーポレートガバナンスコードでの共通のキーワードは？
(ANS.) ESG

【参考文献】（手に入りやすい邦文のみを示す）
- 藤田誠『経営学入門』（中央経済社，2015）
- 上林憲雄他『経験から学ぶ経営学入門』（有斐閣ブックス，2009）
- 井上尚之『サステナビリティ経営』（大阪公立大学出版会，2022）
- 中川功一『ど素人でもわかる経営学の本』（翔泳社，2021）
- 中川功一『ザックリ経営学』（クロスメディア・パブリッシング，2023）
- 中川功一監修『今日から使える経営学』（大和書房，2022）
- 中野崇『いちばんやさしいマーケティングの教本』（インプレス，2023）
- 恩蔵直人『経営学入門シリーズ　マーケティング』（日経文庫，2013）
- 井上善海他『経営戦略入門』（中央経済社，2022）
- 井上達彦他『経営戦略』（中央経済社，2020）
- 芦田博『世界一やさしい経営戦略立案講座』（経営者新書，2017）
- 経営戦略研究会『経営戦略の基本』（日本実業出版会，2009）
- 福沢康弘『テキスト経営戦略論』（中央経済社，2022）
- 島田利広他『経営承継を成功させる実践SWOT分析』（マネジメント社，2021）
- 島田利広『SWOT分析コーチング・メソッド』（（マネジメント社，2020）
- 島田利広『SWOT分析を活用した根拠ある経営計画書事例集』
- 菅野寛『MBAの経営戦略が10時間でざっと学べる』（KADOKAWA，2022）
- 大前研一『ストラテジック・マインド ―変革期の企業戦略論』（プレジデント社，1984）
- 三谷宏治『経営戦略全史』（ディスカヴァー・トゥエンティワン，2013）
- マイケル・E・ポーター（土岐坤他訳）『競争の戦略』（ダイヤモンド社，1982）
- マイケル・E・ポーター（土岐坤他訳）『競争優位の戦略』（ダイヤモンド社，1985）
- ジェイ・B・バーニー『企業戦略論』（ダイヤモンド社，2003）
- W・チャン・キム（入山章栄監訳）『新版　ブルー・オーシャン戦略：競争のない世界を創造する』（ダイヤモンド社，2015）
- H.I.アンゾフ（広田寿亮訳）『企業戦略』（産業能率大学出版部，1969）
- P・F・ドラッカー（上田惇生訳）『マネジメント』（ダイヤモンド社，2008）
- F.コトラー他（恩蔵直人監修　月谷真紀訳）『コトラー＆ケラーのマーケティング・マネジメント（12版）』（丸善出版，2014）
- ヘンリー・ミンツバーグ他（齋藤嘉則訳）『戦略サファリ（第2版）』（東洋経済新報社，2013）
- R.E.フリーマン他（笠原清志監訳）『企業戦略と倫理の探求』（文眞堂，1998）
- R.F.ブルナー他（嶋口充輝他訳）『MBA講座　経営』（日本経済新聞社，1998）
- D.カーネマン他（友野典夫監訳）『ダニエル・カールマン心理と経済を語る』（楽工社，2011）

著者紹介

井上 尚之 （いのうえ・なおゆき）

大阪生まれ。京都工芸繊維大学卒業。大阪府立大学大学院総合科学
研究科修士課程修了。学術修士。

大阪府立大学大学院人間文化学研究科博士後期課程修了。博士（学
術）。

神戸山手大学教授，関西国際大学特遇教授をへて現在，大和（やま
と）大学教授，関西国際大学客員教授。

甲南大学・摂南大学兼任講師。環境経営学会副会長。形の文化会事
務局長。環境計量士。

専攻：マーケティング・経営戦略論・サステナビリティ経営，国際
関係論，科学技術史

【単著書】

『サステナビリティ経営』（環境経営学会実践貢献賞受賞作品），『日
本ファイバー興亡史 —荒井渓吉と繊維で読み解く技術・経済の歴史
—』，『新国際関係論』（以上大阪公立大学出版会），『科学技術の発達
と環境問題（2訂版）』（東京書籍），『環境学 —歴史・技術・マネジ
メント』（環境経営学会実践貢献賞受賞作品），『ナイロン発明の衝撃
—ナイロン発明が日本に与えた影響』，『生命誌 —メンデルからクロ
ーンへ』，『原子発見への道』（以上関西学院大学出版会），『風呂で覚
える化学』（教学社）等

【共著書】

『サステナビリティと中小企業』（同友館），『環境新時代と循環型社
会』（学文社），『科学技術の歩み —STS的諸問題とその起源』（建
帛社）等

【共訳書】

『蒸気機関からエントロピーへ —熱学と動力技術』（平凡社）等
その他著書・論文多数。

OMUP

大阪公立大学出版会（OMUP）とは
本出版会は，大阪の5公立大学-大阪市立大学，大阪府立大学，大阪女子大学，大阪府立看護大学，大阪府立看護大学医療技術短期大学部-の教授を中心に2001年に設立された大阪公立大学共同出版会を母体としています．2005年に大阪府立の4大学が統合されたことにより，公立大学は大阪府立大学と大阪市立大学のみになり，2022年にその両大学が統合され，大阪公立大学となりました．これを機に，本出版会は大阪公立大学出版会（Osaka Metropolitan University Press「略称：OMUP」）と名称を改め，現在に至っています．なお，本出版会は，2006年から特定非営利活動法人（NPO）として活動しています．

About Osaka Metropolitan University Press（OMUP）
　Osaka Metropolitan University Press was originally named Osaka Municipal Universities Press and was founded in 2001 by professors from Osaka City University, Osaka Prefecture University, Osaka Women's University, Osaka Prefectural College of Nursing, and Osaka Prefectural Medical Technology College. Four of these universities later merged in 2005, and a further merger with Osaka City University in 2022 resulted in the newly-established Osaka Metropolitan University. On this occasion, Osaka Municipal Universities Press was renamed to Osaka Metropolitan University Press（OMUP）. OMUP has been recognized as a Non-Profit Organization（NPO）since 2006.

OMUP ユニヴァテキストシリーズ ⑦

よくわかる基礎経営学

マーケティング・経営戦略・SDGs

2023年12月9日　初版第1刷発行		
著　者	井上　尚之	
発行者	八木　孝司	
発行所	大阪公立大学出版会（OMUP）	
	〒599-8531　大阪府堺市中区学園町1-1	
	大阪公立大学内	
	TEL　072(251)6533	
	FAX　072(254)9539	
印刷所	株式会社 遊 文 舎	

ISBN978-4-909933-61-4
C3034 ¥2600E
定価2860円(本体2600円+税10%)

9784909933614

1923034026008

客注

書店CD：187280　　　30

コメント：3034

受注日付：241206

受注No：126985

ISBN：9784909933614

1／1

22　　　ココからはがして下さい

大阪公立大学出版会
OMUP